LA
# RETRAITE
S'Y PRÉPARER POUR EN PROFITER PLEINEMENT

**Catalogage avant publication de Bibliothèque et Archives nationales du Québec et Bibliothèque et Archives Canada**

Titre: La retraite : s'y préparer pour en profiter pleinement / Anne Julien.

Noms: Julien, Anne, 1960- auteur.

Identifiants: Canadiana (livre imprimé) 20230078389 | Canadiana (livre numérique) 20230078397 | ISBN 9782897925994 | ISBN 9782897926007 (PDF) | ISBN 9782897926014 (EPUB)

Vedettes-matière: RVM: Retraite—Aspect psychologique. | RVM: Retraite—Planification.

Classification: LCC HQ1062.J85 2024 | CDD 155.67/2—dc23



**Édition et direction littéraire :** Valérie Gagné

**Révision linguistique** : Caroline Louisseize

**Correction d'épreuves :** Élaine Parisien

**Maquette de couverture :** Karine Chevrier

**Graphisme intérieur** : Ateliers Prêt-Presse

**Dépôt légal**
Bibliothèque et Archives Canada
Bibliothèque et Archives nationales du Québec
Bibliothèque nationale de France
1er trimestre 2024

Imprimé au Canada

Financé par le gouvernement du Canada | Canada

Gouvernement du Québec – Programme de crédit d'impôt pour l'édition de livres – Gestion SODEC.

ASSOCIATION NATIONALE DES ÉDITEURS DE LIVRES

Membre de l'Association nationale des éditeurs de livres (ANEL)

ANNE JULIEN, psychologue

# LA RETRAITE

## S'Y PRÉPARER POUR EN PROFITER PLEINEMENT

DE MORTAGNE

À la mémoire de mon père,
Guy Julien, qui, après avoir
été sur le marché du travail
pendant une quarantaine
d'années, a savouré les plaisirs
de la retraite sur une période
de plus de 35 ans !

# Table des matières

**Avant-propos** 13

**Introduction** 17

**La retraite, c'est quoi, ça ?** 21

**La retraite, y aller ou pas ?** 25

La santé, ça va ? • 28

En tête ou en queue de peloton ? • 29

La motivation est-elle toujours au rendez-vous ? • 31

Le climat de travail devrait-il avoir une influence sur la décision ? • 33

Faut-il vraiment suivre les règles d'accès aux prestations de pension ? • 36

Et l'argent dans tout ça ? • 37

Alors… y aller ou pas ? • 39

La retraite, prêt ? Pas prêt ? 45

Être prêt physiquement • 46

Être prêt psychologiquement • 49

• Les relations • 52

• La vie de couple • 54

• La famille • 60

Être prêt financièrement • 64

La retraite, que faire de tout ce temps ? 69

La loterie du temps • 72

Retrouver vos rêves et votre raison d'être • 79

Vous amuser, peu importe votre âge • 82

Reprendre le chemin des bancs d'école • 89

Le retour au travail • 91

Donner au suivant • 97

Votre plat de bonbons • 99

La retraite, un pas de danse vers le départ ? 101

Premiers pas : annoncer votre départ • 101

Ne pas partir comme un voleur : préparer votre départ • 103

L'heure est à la fête : célébrer votre départ • 105

Tirer votre révérence : votre départ • 108

La lune de miel : le début de votre retraite • 110

Et puis après : la suite de votre retraite • 118

La retraite, je m'y adapte ou pas ? 121

Stress ou détresse ? • 122
Désorientation ou dépression ? • 125
Déséquilibre identitaire ou crise existentielle ? • 130

**La retraite, et si ça ne se passait pas comme prévu ? 135**

Agenda trop bien garni… ou pas • 136
Manque de temps • 138
Trop âgé pour… • 145
Jongler pour ne rien laisser tomber • 147
Un budget équilibré • 149
Une pilule, une petite granule • 152
Le réseau social, des enjeux à envisager • 154
Il est où, le bonheur ? • 156
Voir un psy ? • 161

**Conclusion 165**

**Épilogue : la retraite, c'est bien beau, mais après ? 167**

Vieillir, pourquoi pas ? • 168
- Les personnes âgées, des êtres asexués ? • 172
- Vivre au château ou dans le caniveau ? • 172
- Une béquille ou une main gentille ? • 176
- Conduire, c'est permis ou pas ? • 179

Le mental, encore ? • 180
- Vivre malgré tout • 181
- On n'échappe pas à la mort • 182
- Prévoir pour ne pas se faire avoir • 184
- S'affirmer avant tout • 186

Remerciements 189

Annexe A - Exemples d'actions pouvant contribuer à réduire mes dépenses 193

Annexe B - Aide-mémoire relatif à la prise de retraite 199

Annexe C - Ressources disponibles 203

Généralités • 203
Santé et sécurité • 204
Activité physique • 205
Emploi • 206
Études • 206
Bénévolat • 206

Médiagraphie 207

# Avant-propos

Quelques années avant de prendre ma retraite, j'ai participé à une formation préparatoire offerte par mon employeur. À 55 ans, j'étais directrice adjointe aux Services éducatifs d'une commission scolaire. Psychologue de formation, je m'occupais notamment des dossiers relatifs à l'adaptation scolaire. J'adorais mon emploi, mais le stress lié à mon statut de gestionnaire grugeait mon énergie. Certains jours plus difficiles, je fantasmais sur une retraite prochaine. Surtout que bon nombre de mes proches ne travaillaient déjà plus, dont mon conjoint. Il me tardait parfois de les rejoindre. Mais je voulais en savoir plus afin de prendre une décision éclairée quant à la date de mon éventuel départ. Et j'avais la tête bourrée de questions: *Aurai-je les moyens*

*financiers de prendre ma retraite ? Quel sera mon niveau de vie compte tenu de la baisse de mes revenus ?*

Pendant les deux jours que durait la session préparatoire, plusieurs sujets étaient abordés : fonds de pension, assurances, médicaments, etc. Le dernier atelier concernait la préparation psychologique. C'est celui qui m'attirait le moins. À titre de psychologue, je considérais posséder le bagage nécessaire pour affronter cette étape de la vie. J'étais loin de me douter que c'est précisément cet atelier qui m'interpellerait le plus. J'ai vite réalisé que je n'étais pas prête à quitter mon emploi et que mes préoccupations financières ne devaient pas occulter ma préparation psychologique. Je venais de recevoir une belle petite leçon d'humilité.

Ma réflexion sur la retraite s'est poursuivie bien au-delà de la session préparatoire. Peu à peu, j'ai adopté une attitude différente envers mon travail et, sans avoir déterminé la date de mon départ, je vivais une sorte de compte à rebours qui me mènerait vers la sortie. Je voulais savourer toutes les occasions qui m'amenaient à me réaliser pleinement dans mon travail, et ce, en dépit des sources de stress. Étrangement, ces dernières prenaient de moins en moins de place. Je constatais l'espace que mon emploi occupait dans ma vie et je réalisais que, pour le quitter sereinement, je devrais commencer à m'en détacher petit à petit et à m'imaginer tranquillement vivre mon quotidien autrement. Je ne craignais pas l'ennui puisque j'avais une foule de projets en tête que je mettais sur pause depuis longtemps. Ce n'est que quatre ans plus tard que j'ai finalement pris ma retraite. Ces années m'ont permis de faire un atterrissage en douceur, d'être prête une fois le moment venu.

Lorsque j'ai annoncé mon départ, mon employeur m'a proposé de succéder à l'animateur qui offrait l'atelier de préparation psychologique à la retraite. J'ai accepté sans hésiter.

C'est en préparant cette formation que j'ai décidé de coucher sur papier son contenu, avec l'intime conviction que cet ouvrage serait utile aux gens.

J'espère sincèrement que cette lecture vous mènera vers les plus beaux sentiers de la retraite, des sentiers qui vous ressembleront et vous combleront.

Bonne lecture et bonne réflexion !

# Introduction

La façon de traverser les différentes étapes de la vie varie d'un individu à l'autre. Un peu comme pour le passage de l'enfance vers l'adolescence, la fin de la vie au travail sera une période houleuse pour certains adultes alors que pour d'autres, elle s'avérera une mer tranquille. Ainsi, vous pourriez vous demander pourquoi nous faisons tout un plat de ce moment, tandis que certains de vos collègues pourraient avoir besoin d'un soutien accru, et que d'autres auraient besoin d'une aide médicale, voire d'une thérapie, la dépression se pointant parfois le nez lorsqu'il est temps de quitter le marché du travail. Contrairement à ce qu'on nous laisse croire, ce n'est pas tout le monde qui est prêt à cette grande étape.

Le courant social vous invitera sûrement à quitter le marché du travail parce qu'est arrivée la date du versement de vos rentes. Il pourra sembler facile de vous conformer à cette norme sociale voulant qu'à un certain âge il soit temps de quitter vos occupations professionnelles, mais est-ce vraiment ce que vous voulez ? Si tel est le cas, il faut s'y préparer !

Vous avez peut-être déjà consacré de nombreuses heures à la planification de l'achat d'une maison, d'une voiture ou même d'un mariage, alors pourquoi négliger celle liée à votre retraite ? Qu'elle soit prévue dans quelques mois ou dans un avenir lointain, il faut s'y préparer de façon à avoir des balises pour tracer le chemin qui vous conviendra le mieux et qui rendra votre processus transitoire plus aisé. Cette période de la vie est trop précieuse pour être improvisée.

L'accompagnement proposé dans les pages qui suivent vous donnera matière à réfléchir à ce dont vous aurez besoin pour entreprendre votre retraite de la façon la plus sereine possible et pour faire de cette étape une période équilibrée, pleinement satisfaisante. Je vous guiderai dans votre prise de décision et la planification de votre projet de retraite. De nos jours, il en existe une multitude de modèles.

Si bon nombre de personnes quittent le monde du travail par choix et à un moment où il leur reste encore de belles années actives, certaines le font de façon anticipée en raison de problèmes de santé ou consécutivement à la perte de leur emploi. Il y a aussi d'autres cas de figure, comme celui des athlètes de haut niveau, qui mettent fin à leur carrière dans le sport tout en étant encore dans la fleur de l'âge. Ou encore celui des gens d'affaires qui vendent leur entreprise bien avant d'avoir atteint l'âge habituel de la retraite. Sans décliner toutes les possibilités, ce livre présentera un parcours pouvant rejoindre la majorité des gens.

Bien que les thèmes de cet ouvrage soient circonscrits dans des chapitres distincts, il vous faudra les considérer comme un tout. Il sera parfois bénéfique de prendre du recul face aux différents aspects abordés en mettant votre lecture de côté pour y revenir au moment opportun. Prenez rendez-vous avec vous-même afin de vous accorder le temps de mûrir vos décisions. Ce sera un bon investissement.

Ce livre se veut un outil de travail et non un musée. Ne vous contentez pas d'observer ! Au fil du texte, vous serez appelé à réfléchir, à vous interroger, à vous projeter et à envisager votre avenir. Pour une expérience optimale, il serait intéressant de vous munir d'un cahier de notes pour consigner vos réponses et vos pensées. Loin de moi l'idée de jouer à la maîtresse d'école – en dépit du fait que je sois issue du monde scolaire –, mais ces traces vous serviront d'aide-mémoire et vous permettront de constater le chemin parcouru.

Gardez à l'esprit que, même si je présente les éléments liés à votre préparation psychologique de façon détaillée, mon propos ne vise certainement pas à vous apeurer ni à vous donner une image tragique de la retraite. Il ne faudrait pas lire ce livre comme on lit les mises en garde des compagnies pharmaceutiques. Toutefois, il va de soi que la lecture des pages qui suivent ne pourra d'aucune façon remplacer une aide médicale ou professionnelle, lorsque appropriée.

Mettez le cap sur le plaisir et vous ferez une belle démarche vers la retraite !

## La retraite, c'est quoi, ça?

La retraite réfère généralement à l'étape de la vie qui se caractérise par l'absence de travail rémunéré et l'encaissement de revenus (ex.: les fonds de pension) permettant d'assurer sa subsistance. Dans les faits, de plus en plus de personnes se considèrent comme retraitées parce qu'elles reçoivent ce type de revenus sans nécessairement avoir mis fin à leurs activités professionnelles.

Concrètement, le concept de la retraite est en constante mutation. Il varie selon les époques et les cultures. Par exemple, durant ma jeunesse (dans les années 1970), le discours politique propageait le slogan *Liberté 55,* faisant miroiter que la retraite à 55 ans serait l'avenue à emprunter dans un futur proche. Dans les faits, seuls quelques privilégiés y accèdent. La main-d'œuvre se faisant rare et les personnes au travail ayant une meilleure espérance de vie, les modalités d'accès à la retraite tendent à l'éloigner de l'âge de 55 ans. Et alors qu'ici le concept de la retraite va de soi, il existe peu ou pas dans les pays défavorisés.

Et même au sein d'une seule population, on parle de plus en plus de retraite à la carte. Chaque personne a sa propre définition de la retraite, qui est souvent liée à ses perceptions. Même si vous n'en avez pas nécessairement conscience, vous en avez une également.

Faites l'exercice de songer à ce qui vous vient spontanément en tête lorsque vous pensez à la retraite. S'agit-il d'une image ou d'un mot positifs ? Vos réponses sont-elles proches de votre réalité ? Que font-elles remuer en vous ?

L'image et le mot qui vous sont apparus révèlent en partie votre rapport avec le concept de retraite et peuvent servir de baromètre de vos perceptions à ce sujet. Peut-être traduisent-ils aussi des messages véhiculés par la société et que vous avez intégrés plus ou moins consciemment.

### BREF COUP D'ŒIL SUR LE RÉEL

À l'occasion de ma propre retraite, mes cousins Claude et Jean-Pierre m'ont gentiment offert des bonbons à la menthe pour me taquiner, me traitant pour ainsi dire de vieille. Ils avaient assimilé l'image voulant qu'on soit aux portes de la vieillesse lorsqu'on est à la retraite. Une croyance qui pourrait inviter certaines personnes à retarder le plus longtemps possible leur départ du marché du travail !

Si votre image ou votre mot ont des connotations négatives, essayez de comprendre pourquoi. La teneur de vos réponses pourrait fournir des pistes contribuant à vous aider à mieux aborder la suite de votre parcours. Il sera parfois préférable d'actualiser certaines images et de les remplacer par des représentations positives.

S'il faut vous réjouir d'avoir donné des réponses à connotation positive, demandez-vous tout de même s'il s'agit d'une vision réaliste ou idyllique de la retraite. Par exemple, si vous avez imaginé un bateau de croisière et pensé au mot *liberté*, il est possible d'en déduire que vous associez la retraite aux vacances éternelles. Vous avez assurément raison pour la question de la liberté d'action dont vous jouirez. Par contre, aurez-vous les moyens financiers d'être continuellement en voyage ? Trouverez-vous le même plaisir à le faire souvent plutôt qu'une fois l'an ? Est-ce que les personnes dont vous aimeriez la compagnie auront la même disponibilité que vous ? Bref, cette vision, quoique positive, risque d'amener son lot de déceptions. Je ne voudrais pas devenir éteignoir, mais il sera important de la relativiser. On oublie parfois que ce qui donne de la valeur à ces vacances, c'est qu'elles s'insèrent entre deux périodes de travail.

Bon nombre de personnes ont une double image, à la fois attrayante et inquiétante, vis-à-vis de la retraite. Si l'on considère que le reflet de la liberté éternelle ne suscite pas le même enthousiasme pour tout le monde, la perspective des vacances perpétuelles pourrait créer chez certains individus de l'insécurité liée aux ressources financières, à l'ennui ou à la solitude. Dans cette perspective, il importe de prendre une décision éclairée concernant votre départ à la retraite. Les prochains chapitres pourraient y contribuer en vous amenant à examiner l'ensemble des aspects plutôt que de ne vous attarder qu'à une impression ou à une image.

# La retraite, y aller ou pas ?

Prendre la décision de partir à la retraite ne devrait pas se faire sur un coup de tête. Pour y arriver, vous devez réfléchir au moment idéal pour quitter votre emploi et aux raisons qui vous inciteront à le faire à la date souhaitée. Plus votre décision sera mûrie, meilleures seront vos chances d'adaptation.

Il faut tenir compte de différents aspects, puisqu'il est rare qu'une personne prenne sa retraite pour une seule raison. De nombreux facteurs contribuent à cette décision, dont certains se juxtaposent. On parle de facteurs d'attraction (ex. : une pension élevée) et de facteurs d'incitation à quitter le travail (ex. : l'âge avancé, la maladie, des horaires de travail imprévisibles, un licenciement). Les recherches ne mettent pas en lumière d'âge idéal, mais plutôt le fait que cette décision ainsi que la santé physique et financière des individus sont souvent corrélées. La pression des courants sociaux ambiants influencerait aussi cette décision, ainsi que le désir volontaire de se retirer.

Certaines personnes déclarent que plus vite leur retraite arrivera, mieux elles se porteront, car elles disposeront de plus de temps pour vivre selon leurs propres choix. Cette vision, quoique courante, semble moins correspondre au style de vie de la génération des millénariaux (personnes nées entre 1980 et 1999). Mes neveux et nièces sont encore trop jeunes pour se soucier de la retraite, ils ne comptent pas sur elle pour réaliser leurs projets, pour voyager ou s'amuser. À la différence de leurs parents, le travail n'occupe pas toute la place dans leur vie. Et ils n'ont pas tort. Sachez qu'il est recommandé de ne pas attendre de cesser de travailler pour réaliser ses rêves. Sur six personnes actuellement âgées de 20 ans, une mourra avant d'atteindre l'âge de la retraite, et 30 % de celles qui y parviendront seront malades ou handicapées[1]. Si on fait le calcul, c'est seulement un peu moins de 59 % de ces personnes qui pourront jouir d'une retraite en forme.

---

1. Strelecky, John. P. (2011). *Les 5 grands rêves de vie*, Québec, Éditions Dauphin Blanc, 223 p.

Votre situation pourrait avoir des répercussions sur votre décision. Pensons à la crainte de perdre votre valeur comme individu, qui est souvent associée à votre titre, à votre carrière. Comme le chantait Félix Leclerc, « la plus sûre façon de tuer un homme / c'est d'l'empêcher de travailler en lui donnant de l'argent[2]... »

Qu'en est-il pour vous ? À quel endroit vous imaginez-vous être dans un an, cinq ans ou même dix ans ? Qu'aimeriez-vous voir dans votre avenir ? Qu'est-ce qui est le plus important à vos yeux ?

C'est le genre de questions qui vous ont sans doute été adressées au moment où vous réfléchissiez à votre orientation scolaire. Il est d'autant plus indispensable de vous les poser aujourd'hui, puisque vos désirs et vos aspirations sont peut-être différents de ceux de l'époque, mais ils sont toujours aussi cruciaux. Vous avez même sans doute une vision plus claire de ce que vous voulez.

Pour plusieurs, le processus décisionnel s'étendra sur une longue période alors que pour d'autres le choix se confirmera avec un événement déclencheur (ex. : la maladie ou le décès d'un proche, des changements importants dans les modalités de travail). Si votre décision est déjà prise au moment de lire ces lignes, permettez-vous de réaffirmer votre choix en parcourant ce qui suit.

---

2. Paroles tirées de la chanson *Les 100 000 façons de tuer un homme*, de Félix Leclerc.

## LA SANTÉ, ÇA VA ?

Il pourrait arriver que l'état de votre condition physique ou de votre santé mentale vous oblige à renoncer à poursuivre votre carrière, et ce, peu importe votre âge.

Il se peut que ce soit le type d'emploi que vous occupez ou vos conditions de travail qui ne concordent plus avec votre état. Par exemple, un travailleur de nuit qui aurait de plus en plus de mal à dormir, dont la conjointe, déjà à la retraite, se plaindrait d'avoir à garder le silence pendant ses heures de sommeil. La solution serait-elle de chercher un emploi diurne ou de simplement cesser de travailler ? Ou bien, une employée de bureau qui grappillerait sur ses périodes de repas pour accomplir ses tâches afin de satisfaire aux standards de ses employeurs, et passerait le week-end couchée pour tenter de récupérer. Devrait-elle quitter son emploi ?

Il n'y a pas de bonne ou mauvaise réponse à ces questions. Étudiez la culture de l'entreprise où vous œuvrez. Des employeurs exigent parfois plus que le dépassement de soi. En bousculant leur personnel avec des échéances impossibles à respecter ou des horaires irréconciliables avec la vie familiale, ces gestionnaires abusent de leur pouvoir. Parfois, sans même le réaliser.

Si vous faites partie des bourreaux de travail qui ne savent rien faire d'autre que travailler, interrogez-vous à propos des répercussions à long terme de ce fonctionnement sur votre vie. Le problème peut émaner de vos propres habitudes, de vos propres attentes… Les employeurs ne sont pas responsables de tous les maux.

Chercher l'approbation, vouloir devenir l'employé du mois, recevoir la tape dans le dos ou obtenir une promotion peut aussi avoir un effet sur votre santé et ultimement sur vos performances. Lorsque de surcroît l'organisation pour laquelle vous travaillez valorise ces comportements, une spirale infernale s'installe.

À vous de réfléchir à votre situation. Si vous avez du mal à savoir quelle avenue emprunter, consultez votre entourage ou la personne responsable du département des ressources humaines, sinon faites appel à du personnel professionnel.

## EN TÊTE OU EN QUEUE DE PELOTON ?

La question des compétences va souvent de pair avec celle de la santé, puisque notre état physique peut altérer nos capacités au travail. Cela dit, ce n'est pas le seul élément qui peut avoir cet effet. De nombreux autres facteurs peuvent entrer en ligne de compte. Je vous invite donc à vous interroger sur votre prestation de travail sans égard à vos ennuis de santé. Correspond-elle aux attentes liées à votre poste ?

Souvent, les compétences nécessaires à un emploi évoluent plus vite que notre capacité à les mettre à jour. Les échéances, la technologie et les autres pressions liées au travail contribueraient aux départs hâtifs à la retraite.

Les événements vous dépassent-ils? Est-ce que les jeunes sont plus rapides ou plus habiles que vous avec les technologies ? Ces questions peuvent vous sembler dérangeantes, voire déstabilisantes, mais il ne faut pas hésiter à vous les poser. La responsabilité de vous actualiser vous incombe en partie, que ce soit pour les aspects liés à la technologie ou ceux en lien avec les bonnes pratiques. Votre prestation de travail doit se maintenir à un niveau acceptable. Que vous occupiez un emploi dans le secteur public ou privé, et que vous occupiez votre poste depuis de nombreuses années ou pas, cela relève de votre responsabilité professionnelle.

Votre contribution au travail risque cependant de connaître des modulations avec le temps, et votre apport différera de celui des jeunes. Votre situation aussi, un peu comme les gens de théâtre qui finissent par jouer des rôles de parents plutôt que de jeunes adultes. Cela dit, ce ne sera pas nécessairement que négatif. Votre savoir, votre expertise, votre sagesse, votre vision et votre mémoire de l'organisation deviendront utiles, voire indispensables. L'expérience compensera parfois votre perte de vitesse.

Plusieurs personnes n'ont rien à envier aux plus jeunes même si elles ont amplement dépassé l'âge habituel de la retraite et sont toujours sur le marché du travail. Leur passion est inspirante. Leur modèle pourrait même contribuer à votre maintien à l'emploi. Rappelez-vous que, jeunes ou âgés, les gens ne se définissent pas que par les caractéristiques de leur groupe. À vous de trouver la meilleure façon de prendre votre place ! Évitez toutefois de vous accrocher éperdument à un emploi dans le but inavoué de voir votre record de longévité au travail homologué dans le *Livre Guinness des records.*

## LA MOTIVATION EST-ELLE TOUJOURS AU RENDEZ-VOUS ?

*« Le jour où votre travail cesse de répondre à vos attentes et ne suscite plus en vous aucun enthousiasme, il faut songer à le quitter. Si votre employeur oublie de vous licencier, faites-le à sa place. »* — Ernie Zelinski

Pour bon nombre d'individus, le travail occupe une grande partie de la vie active. Il est alors souhaitable de trouver un équilibre assez tôt afin d'éviter de ne rêver qu'à la retraite. *Au travail, on n'est pas en prison, on ne devrait pas faire du temps.* C'est ce que disait Raymond, un directeur d'école retraité. Si vous ne faites que comptabiliser les mois et les heures qui vous séparent de la retraite un peu comme si vous étiez en détention, il sera préférable d'essayer de vous *évader* au plus vite. Le prix à payer pour garder un emploi uniquement afin de demeurer admissible aux prestations de pension est très onéreux, et pas seulement pour vous. Cette décision a des répercussions sur votre entourage, votre employeur, vos collègues et ultimement la société...

Alors, posez-vous ces questions: Quelles sont vos pensées et vos émotions lorsque vous êtes au travail? Vos tâches vous pèsent-elles? Passez-vous votre temps à regarder l'heure? À soupirer? Les pauses sont-elles vos seuls moments de plaisir? Les réponses à ces questions seront des indicateurs de votre motivation.

Parfois, la motivation est à la baisse parce que des problèmes externes au travail deviennent trop envahissants. Cela s'observe souvent chez les personnes qui prennent soin d'un parent vieillissant ou d'un proche malade. Si c'est une bonne chose d'écouter votre cœur, il ne faut pas négliger de prendre vos besoins en compte.

**BREF COUP D'ŒIL SUR LE RÉEL**

Bianka, une enseignante, me confiait récemment qu'elle constatait avec tristesse que son désir de quitter le monde du travail n'était pas lié à l'enseignement ni à sa relation avec les élèves, mais à tout ce qui devait être fait en dehors de sa classe (ex.: les réunions, les comités, la reddition de comptes). Malgré sa démotivation, son ambivalence était manifeste, ce qui est aussi fréquent dans le processus de prise de décision. Ainsi, même si certains aspects du travail vous amènent à considérer la retraite comme une porte de sortie, cela ne signifie pas que tout soit négatif ni qu'il faille absolument partir...

Que dit votre entourage au sujet de votre motivation ou de votre attitude face au travail? Leurs commentaires, leurs perceptions pourraient vous aider à faire le bilan de votre situation. Si votre activité professionnelle est cohérente avec vos valeurs et vos ambitions, si vous pouvez vous actualiser comme individu dans ce que vous faites, la retraite ne sera peut-être pas une option, du moins pas avant un bon moment. Par contre, ne comptez pas que sur votre emploi pour vous réaliser et surtout n'attendez pas la retraite pour le faire. Prenez dès maintenant le temps de développer d'autres champs d'intérêt.

## LE CLIMAT DE TRAVAIL DEVRAIT-IL AVOIR UNE INFLUENCE SUR LA DÉCISION ?

Un bon climat est un ingrédient essentiel à la qualité de vie au travail. Vous passez de longues heures avec vos collègues et ces personnes comblent souvent une partie de vos besoins de socialisation. S'il vous appartient de traiter vos collègues avec respect, il est légitime que la pareille vous soit rendue. Même s'il n'est pas obligatoire pour autant d'établir une relation d'amitié avec tout le monde, un minimum de courtoisie et de bienveillance est toujours de mise. Il arrive malheureusement que ce ne soit pas le cas.

Des conflits et des malentendus peuvent émerger ; la plupart du temps, il est possible de les régler à l'amiable dans l'immédiat. Mais la situation peut également être plus grave. Il se peut que vous ressentiez de la pression de la part de jeunes collègues, surtout si votre départ a une incidence sur leur sécurité d'emploi. Vous interroge-t-on indûment sur le moment où vous comptez prendre votre retraite ? La façon dont on s'adresse à vous véhicule-t-elle des stéréotypes ? Êtes-vous victime d'âgisme ? Le choc des générations existe depuis toujours. Cela ne veut pas dire qu'il vous faille partir…

La plupart des organisations se sont dotées d'une politique contre le harcèlement et l'intimidation. Soyez au fait des règles qui existent dans votre milieu. Qu'il s'agisse de problèmes relationnels ou organisationnels, certaines situations nécessiteront des conversations courageuses, d'autres, en cas d'impasse, pourraient requérir le concours du département des ressources humaines ou du syndicat, voire celui de la justice.

Une recherche menée auprès de cent cinquante personnes retraitées a montré que celles qui ont été poussées à quitter leur emploi pour des soucis de santé ou en raison d'insatisfactions liées au travail sont souvent moins bien préparées à la retraite[3]. Si ce genre de situation vous arrive, ne jetez donc pas l'éponge sans avoir tenté de trouver une solution. Prenez le temps d'analyser votre situation. Imaginez que vous vivez votre

---

3. Hanisch (1994), dans Joly, Nathalie Audrey (décembre 2004). *Impact du caractère volontaire et involontaire du départ à la retraite sur le bien-être psychologique et le fonctionnement social des retraités : maîtrise en gérontologie.* Mémoire présenté à la Faculté des lettres et des sciences sociales, Université de Sherbrooke, 137 p.

dernière journée au travail, que votre fête de départ a eu lieu et que tout s'est bien passé. Puis, posez-vous ces questions :

- Quelle est votre attitude ? Quels sont vos comportements ?
- Qu'est-ce qui vous plaît ? Vous soulage ? Vous peine ? Vous stresse ?
- Qu'apprenez-vous sur votre relation avec le travail ? Sur vos relations avec vos collègues ?

Imprégnez-vous de cette image qui vous permettra d'être plus à même d'analyser où vous en êtes au regard d'un éventuel départ. Réaliser concrètement tout ce que vous vous apprêtez à quitter pourrait vous conforter dans votre décision ou vous amener à la reconsidérer. Dans tous les cas, la décision de quitter votre emploi ne devrait pas résulter de pressions de la part de vos collègues ni de votre employeur.

Souvenez-vous que tout départ qui constituerait une fuite vous laisserait un goût amer et affecterait votre existence. A contrario, évitez de rester au travail pour les mauvaises raisons : *Ils n'auront pas ma peau, je vais me venger.* Mettez de l'énergie sur ce que vous pouvez contrôler. Ultimement, si vos efforts sont vains et que, en dépit de l'aide reçue, la situation demeure sans issue, vous pourrez lâcher prise sans rien avoir à vous reprocher.

## FAUT-IL VRAIMENT SUIVRE LES RÈGLES D'ACCÈS AUX PRESTATIONS DE PENSION ?

S'il est techniquement possible de cesser de travailler à tout moment, un des enjeux demeurera toujours ce qui a trait aux revenus ou aux avoirs dont vous disposerez. Pour bon nombre de personnes, ces sommes proviendront d'une rente. C'est donc l'âge de l'admissibilité à cette dernière qu'il vous faudra vérifier.

Informez-vous auprès de votre employeur ou des ministères concernés pour bien comprendre les règles qui s'appliquent dans votre cas. Discutez avec votre spécialiste en finances afin de connaître le meilleur moment pour vous prévaloir de vos rentes. Plusieurs estiment qu'il vaudrait mieux attendre jusqu'à 70 ans avant de réclamer sa pension, et décaisser d'abord d'autres avoirs (ex. les REER au Québec), si vous en avez.

Quelle que soit votre situation, l'âge ne devrait pas être le seul critère guidant votre décision de quitter le monde du travail. Ne ressentez pas l'obligation de suivre les sentiers prédéterminés. Tracez votre parcours à votre image !

Certaines personnes trouvent l'option de la retraite peu envisageable parce que le travail fait partie de leur vie et qu'elles ne se voient pas troquer cette activité contre une autre moins stimulante. Quelques-unes souhaitent parfois même ne jamais prendre de retraite. D'autres le feront bien avant l'âge défini socialement alors que d'autres encore quitteront leur poste actuel pour démarrer une carrière différente ou poursuivre la précédente chez un nouvel employeur. La norme s'écarte de plus en plus souvent du modèle traditionnel.

Si l'option que vous choisissez ne suit pas la vague, il se peut que vous fassiez l'objet de certaines remarques déstabilisantes. Plus votre décision sera mûrie, plus elle sera vôtre et moins le jugement d'autrui vous fera souffrir.

Compte tenu du fait que les règles sont en mouvance, ne vous fiez pas qu'à l'information actuelle pour planifier votre avenir, surtout si vous n'envisagez de prendre votre retraite que dans quelques années.

## ET L'ARGENT DANS TOUT ÇA ?

Outre la question de l'âge, celle liée aux considérations financières se pose inévitablement. Puisque tout le monde n'est pas adéquatement couvert par un régime de retraite et que gagner à la loterie n'arrive que très rarement, il importe de vous interroger sur vos avoirs avant de prendre votre décision, surtout si vous ne souhaitez pas exercer une activité rémunérée à votre retraite. Habituellement, ils proviennent de fonds de pensions (publics ou privés) et d'économies personnelles. La question de l'endettement pourrait aussi influencer votre décision.

Afin de mieux estimer vos moyens financiers, je vous invite à rassembler les documents nécessaires à l'analyse de votre situation puis à consulter les personnes expertes en la matière (ex. : votre employeur, votre comptable, votre syndicat, votre institution financière). Il existe aussi des sites Internet qui peuvent effectuer des calculs prévisionnels relativement à vos revenus de retraite[4].

Vous avez avantage à faire le bilan de vos avoirs, surtout de vos liquidités facilement accessibles, si vous en avez. L'analyse de vos dépenses des dernières années aidera à mieux estimer vos besoins. À la retraite, il est généralement suggéré de viser une combinaison d'épargne et de revenus totalisant 70 % de votre salaire actuel. Ce pourcentage demeure arbitraire. Bon nombre de personnes vivent avec un montant bien moindre, parfois par choix, d'autres fois malgré elles. Quels que soient vos avoirs ou vos revenus potentiels, les enjeux ne seront pas les mêmes si vous avez à votre charge des enfants qui sont encore aux études, si le prêt hypothécaire de votre maison est substantiel ou si vous projetez de faire un voyage autour du monde. Le plus important est de savoir si la somme dont vous disposerez pourra soutenir le style de vie que vous avez ou que vous désirez avoir.

Les individus qui jouissent d'un fonds de pension pouvant assurer leur subsistance envisagent leur avenir financier avec moins de stress. Il faut éviter de vivre dans la précarité ou la pauvreté même si, dans votre échelle de valeurs, l'être doit l'emporter sur les avoirs. Si vous ne détenez pas de fonds de pension ou que vous n'avez pu faire d'économies substantielles, cela pourrait vous amener à différer votre départ, par exemple au moment où vous recevrez la pleine

4. Par exemple *Retraite Québec*: www.retraitequebec.gouv.qc.ca/fr/Pages/accueil.aspx.

pension gouvernementale, voire après. C'est un enjeu de taille pour plusieurs personnes. Force est de constater que la retraite ne réduit pas les inégalités sociales.

Bien qu'il soit prudent de vérifier que vos épargnes ou votre revenu garanti soient suffisants pour vous assurer une vie décente, cela ne signifie pas d'attendre d'être riche comme Crésus pour le faire. Votre bien-être ne devrait certes pas reposer uniquement sur des questions d'argent. Certains individus n'arriveront jamais à l'âge de la retraite, et d'autres n'en profiteront que quelque temps, tel mon oncle Roland. Pensez-y!

*« J'ai travaillé comme un fou toute ma vie pour ramasser de l'argent en vue de mes vieux jours, mais j'ai oublié de me ramasser des vieux jours. »*

## ALORS... Y ALLER OU PAS?

Pouvoir décider du moment de votre départ à la retraite demeure un privilège. C'est en quelque sorte un beau problème qui invite à l'introspection. Après avoir réfléchi aux questions des sections précédentes, prenez le temps de faire le bilan. Quelques bonnes nuits de sommeil pourraient aider à organiser vos idées et à éviter que votre départ ne soit le fruit d'une impulsion. Offrez-vous du temps de recul pour visiter votre pays intérieur et mieux déterminer ce vers quoi vous voulez aller. Mon père appelait cela *faire une retraite*. Étrange comme les mots parlent, n'est-ce pas ?

Afin de maximiser les effets de votre période de réflexion, profitez au préalable du témoignage de personnes que vous estimez et qui sont déjà à la retraite. Soyez à l'écoute de leurs conseils et de leurs mises en garde. Leurs propos pourraient vous amener à considérer votre situation sous un angle différent. Puis, prenez un pas de recul de quelques heures minimalement, empruntez le chalet d'un proche, offrez-vous un séjour chez les moines ou isolez-vous dans votre demeure pendant un week-end. Créez des conditions favorables en optant pour le silence, la nature ou la solitude sans interruption (ex. : pas de téléphone ni de réseaux sociaux). Si vous avez du mal à lâcher prise, la pratique d'une activité physique ou artistique pourrait vous aider à y parvenir.

Et alors, interrogez-vous sur ce qui arriverait de pire si vous demeuriez au travail ou, a contrario, si vous preniez votre retraite dès maintenant. Quelle fonction le travail occupe-t-il dans votre vie ? Quel rapport entretenez-vous avec lui ? Quelle est votre réalité ?

À la fin de votre séjour en solitaire, prévoyez du temps pour coucher vos réflexions sur papier. Le *Jeu du pour et du contre* pourrait vous aider à faire votre bilan. Notez les arguments allant dans le sens d'un départ à la retraite dans la colonne pour et les arguments allant dans le sens d'un maintien au travail dans la colonne contre. Pour faciliter votre analyse, accordez un poids à chaque élément en y associant des étoiles, par exemple. Plus un élément obtiendra un grand nombre d'étoiles, plus il pèsera dans la balance. Ainsi, un seul pourrait l'emporter sur les autres. Ces données contribueront à votre processus décisionnel.

**Exemples de raisons de prendre ou pas sa retraite**

| | **Argument** | **Poids relatif** |
|---|---|---|
| **Pour** | Je suis fatigué. | ******** |
| | Je réponds aux critères d'admissibilité. | *** |
| | Mon partenaire de vie est à la retraite depuis un an. | **** |
| | **Bilan** | **15** |

| | **Argument** | **Poids relatif** |
|---|---|---|
| **Contre** | J'aime mon travail. | **** |
| | J'adore mes collègues. | **** |
| | Mon prêt hypothécaire n'est pas remboursé. | ** |
| | J'ai deux enfants à l'université. | ** |
| | Il y a un dossier sur lequel je travaille que j'aimerais terminer (un an à faire). | *** |
| | J'ai besoin de me prouver que je peux mener ce projet à terme. | *** |
| | Je suis très performant au travail. | ** |
| | **Bilan** | **20** |

Dans cet exemple, les arguments semblent faire pencher la balance en faveur d'un report de la retraite. Cela signifie-t-il que cette personne devrait reporter forcément son départ ? Si elle opte pour une année de travail additionnelle, comment pourrait-elle prendre soin de sa fatigue ? De quelle façon pourrait-elle transiger positivement avec ce partenaire de vie qui est déjà à la retraite ? Est-ce qu'opter pour un départ progressif ou décider de garder uniquement certains mandats serait envisageable ? Voilà le genre de questions à vous poser après avoir rempli votre tableau.

En soi, le résultat de cette seule activité ne saurait constituer l'élément décisif de votre réflexion. Personne ne devrait prendre sa retraite sur la base de simples calculs mathématiques ! Par contre, soupeser les arguments pour et les arguments contre aidera à mettre les choses en perspective.

L'ambivalence est une étape normale dans le processus. Quel que soit votre choix, ne vous attendez pas à ce qu'il soit concluant à 100 %. Il vous faudra sans doute accepter de renoncer à quelque chose. Il est rare que tout soit noir ou blanc. C'est l'ensemble de votre démarche qui vous mènera à prendre une décision cohérente avec votre situation, votre personnalité.

Demeurez maître d'œuvre de votre choix final et ne prenez en compte que ce qui vous convient le mieux, puisque les personnes qui réagissent le moins bien à la retraite sont celles qui contrôleraient le moins leur décision de quitter le monde du travail.

Prenez soin de vos peurs, de vos appréhensions. Essayez de les comprendre et de trouver des solutions à ce qui pourrait freiner une démarche authentique. Ensuite, suivez votre intuition, écoutez votre petite voix intérieure ; elle saura vous guider.

Rappelez-vous que jusqu'à un certain point, *ne pas décider, c'est aussi décider...* et qu'il n'y a que les fous qui ne changent pas d'idée.

# La retraite, prêt ? Pas prêt ?

Je ne le répéterai jamais assez : la préparation à la retraite est essentielle. Les personnes qui planifient adéquatement cette étape de leur vie ressentiraient plus d'affects positifs à son égard et vivraient moins d'anxiété et de dépression. En réfléchissant aux aspects physiques, psychologiques et financiers de ce grand changement, vous aurez un meilleur contrôle et serez plus apte à calmer bon nombre de vos appréhensions, surtout si vous avez un caractère anxieux. Vous pourrez ainsi en tirer le meilleur parti !

## ÊTRE PRÊT PHYSIQUEMENT

La préparation à la retraite implique de prendre soin de votre santé physique, indispensable pour vous épanouir durant cette période de votre vie. Le fait d'être en bonne santé physique aura une influence sur votre expérience en tant que retraité. Votre état fera miroiter tout ce qu'il vous sera possible d'entreprendre. Si vous êtes en forme et en bonne santé, la liste des possibles sera longue. Dans le cas contraire, vous verrez votre santé s'amoindrir, et avec elle disparaîtra une grande partie du plaisir que vous anticipiez pour votre retraite.

Les statistiques des dernières années indiquent que bon nombre de personnes seront retraitées pendant une vingtaine d'années, voire davantage. Certaines seront plus longtemps à la retraite que sur le marché du travail. Mais espérance de vie ne rime pas toujours avec espérance de vie *en bonne santé*. Par exemple, si au Québec l'espérance de vie est d'environ 80 ans, l'espérance de vie en bonne santé ne serait que d'environ 68 ans pour la majorité des individus[5]. Cela signifie que vous pourriez vivre les dix ou quinze dernières années de votre existence en étant malade, ce qui pourrait rendre bon nombre de vos projets plus difficiles à réaliser… Cette donnée invite à

---

5. Gouvernement du Québec. *Statistiques de santé et de bien-être selon le sexe – Tout le Québec* (2006). Récupéré le 25 octobre 2023 de https://www.msss.gouv.qc.ca/professionnels/statistiques-donnees-sante-bien-etre/statistiques-de-sante-et-de-bien-etre-selon-le-sexe-volet-national/esperance-de-vie-sans-incapacite.

prendre soin de vous dès maintenant et à investir dans votre Épargne santé[6] !

Méfiez-vous de la fausse croyance voulant que le travail soit l'excuse à tout ce que vous ne faites pas. Si vous affirmez que votre emploi vous empêche de bouger, détrompez-vous ! Cesser de travailler ne fera pas de miracles ! Vous serez dans la continuité de la vie et il est illusoire de penser que cette phase de l'existence sera séparée de façon étanche avec la précédente. Un bon matin, vous réaliserez que, malgré le fait que vous ne travaillez plus, vous ne ferez pas plus d'activité physique et vous ne prendrez pas plus soin de vous. Il est donc important de développer de saines habitudes de vie dès maintenant, afin d'être plus en forme pour réaliser tous les projets que vous avez en tête.

Il ne s'agit pas de vous transformer en athlète olympique, mais d'éviter d'adopter des comportements sédentaires. Des actions simples telles que marcher tous les jours, emprunter les escaliers plutôt que l'ascenseur, passer moins de temps devant les écrans et vous déplacer à bicyclette pourront contribuer à un meilleur bien-être. D'autres petites actions du quotidien peuvent vous y aider, comme stationner la voiture un peu plus loin, ou porter un podomètre ou une montre intelligente. Des

---

6. Au Québec, c'est Pierre Lavoie, le fondateur du Grand défi du même nom, qui a parlé de ce concept en l'appelant *REER santé* en référence à l'épargne retraite nommée REER.

spécialistes recommandent de faire chaque semaine cent cinquante minutes d'activité à intensité moyenne ou plus forte, sinon environ dix mille pas par jour. Des bénéfices ont même été démontrés à partir de cinq mille pas quotidiens[7].

Outre les bienfaits à long terme, ce genre de pratique est bénéfique journalièrement. L'activité physique améliore la réaction du corps aux stresseurs psychosociaux, les performances cognitives (dont la mémoire) et différentes conditions liées à la santé mentale (ex. : l'humeur, l'anxiété, le stress et la dépression).

Ainsi, il faudra penser à maintenir le rythme une fois à la retraite. Cette dernière n'aurait en soi aucun effet sur l'état de santé des individus. Par contre, les facteurs liés au style de vie adopté après avoir quitté le marché du travail pourraient influer sur votre santé (ex. : la nutrition, l'activité physique, le suivi médical). Étant donné que l'on dispose de plus de temps à ce moment-là, il n'y a pas d'excuses qui tiennent (ici, c'est surtout à moi que je m'adresse)...

Si vous quittez le monde du travail pour des raisons de santé, vous remettre sur pied sera sans doute votre projet principal. Peu importe l'âge, l'usure corporelle

---

7. Bernard, Doré *et al.* (2018b), dans Paquito, Bernard (2020). « L'activité physique, un traitement des troubles dépressifs majeurs », *Les cahiers du savoir*, n° 1, décembre 2020. Ordre des psychologues du Québec, p. 61.

ou la fatigue mentale invitent au repos. Il sera parfois avisé de consulter un médecin avant d'envisager de nouvelles activités physiques, surtout si vous ressentez des malaises. Bien qu'être actif ralentisse certaines pertes, *vient un moment où on n'est plus sous la garantie*, comme je me plais à dire en plaisantant... Il existe tout de même des exercices adaptés aux différents états de santé, alors il n'y a pas d'excuses qui vaillent !

## ÊTRE PRÊT PSYCHOLOGIQUEMENT

On dit que la véritable jeunesse passe par l'esprit. Il est donc important de faire attention à votre santé psychologique, et ce, à tout âge. La retraite est une période charnière qui peut demander une grande adaptabilité. Votre santé mentale et votre santé relationnelle seront indispensables pour la vivre paisiblement. La façon dont vous avez réagi aux diverses phases de la vie (ex. : l'adolescence, l'entrée sur le marché du travail, la découverte de la parentalité) constitue un indicateur de vos mécanismes d'adaptation et pourra vous donner une idée de ce qui vous attend.

Certaines personnes affirment que nous demeurons semblables à ce que nous avons toujours été et qu'on fait rarement table rase une fois rendus à la retraite. Les virages à 180 degrés ne seraient pas légion. Pourtant, ne dit-on pas *re-traiter* sa vie ? De fait, vous disposez de cette possibilité chaque jour de votre vie, seulement certaines étapes s'y prêtent mieux. C'est le cas de la retraite. Pour bien des gens, un tel défi pourrait devenir un moteur de changement.

Les parcours différeront, selon les gens et les situations, mais peu importe votre âge ou votre état de santé, le désir de continuer de vous actualiser et de vous développer comme personne demeurera sans doute présent.

Dès que possible, il sera bénéfique de mettre l'accent sur ce que vous *êtes* et ce que vous *voulez être* plutôt que sur ce que vous *faites*. Cette démarche sera probablement plus difficile chez les propriétaires d'entreprises qui, en prenant leur retraite, auront l'impression de perdre non seulement leur statut, mais aussi le bébé auquel ils ont consacré leur vie. Ou encore chez les personnes qui ne se définissent que par le travail.

Si vous avez déjà du mal à reconnaître votre juste valeur, et si, au fil des années, vos activités et vos réalisations au travail ont pris le pas sur votre personne, ou vous ont accaparé, vous retrouver requerra du temps. Il faudra développer une nouvelle représentation de soi, une nouvelle identité.

L'une des avenues possibles dans ce cas, pour choisir l'individu que vous souhaitez être à la retraite, consiste à s'inspirer d'un modèle. C'est ainsi que plusieurs apprentissages de la vie se font. En observant une personne, on apprend, consciemment ou non, sa façon de procéder. Ainsi, en regardant à la télévision un héros ou une héroïne qui lui ressemble (que ce soit une personnalité publique ou un personnage de fiction), un enfant peut être inspiré et se dire que tout est possible. Nous prenons aussi souvent les gens qui nous entourent au quotidien comme modèle. Par exemple, nous sommes un bon nombre à cuisiner comme notre mère. Parfois juste parce que nous l'avons observée faire. Nous avons regardé ses gestes et constaté l'effet de ses actions, de ses choix (ex. : elle mettait un peu d'épices dans ce plat, allongeait le temps de cuisson pour l'autre). Et d'autres fois, parce qu'elle a pris le temps de nous enseigner comment faire. Par la suite, on a choisi de suivre son modèle parce qu'il nous semblait le plus inspirant, le plus à propos. Sa nourriture nous apparaissait tellement bonne, avec juste la touche parfaite d'amour. C'est souvent la même chose pour de nombreux comportements que nous apprenons. Malheureusement, en ce qui concerne la retraite, les modèles explicites ne sont pas légion.

**BREF COUP D'ŒIL SUR LE RÉEL**

Quand j'étais jeune, ma mère racontait des histoires qui évoquaient la rencontre d'une princesse et de son prince charmant. Tous deux s'aimaient, se mariaient, avaient de nombreux enfants et vivaient heureux jusqu'à la fin des temps... Il n'était jamais question de travail ni de retraite. Ces contes ne m'ont proposé aucun modèle auquel m'identifier. Si la télé et le cinéma offrent certains modèles de personnes retraitées, ceux-ci manquent de variété, consistant presque uniquement en des individus en forme et à l'aise financièrement. Pour ma part, ce n'est qu'en m'attardant à ce que les gens de mon entourage ont fait de leur vie au moment de leur retraite que j'ai pu trouver des modèles auxquels m'identifier. Sinon, les deux seules occasions où on m'avait parlé de retraite de façon formelle furent lors d'une rencontre avec ma conseillère financière pour discuter des placements dans le programme de retraite (REER) et au moment de ma formation préparatoire offerte par mon employeur.

Étant donné que les modèles servent de guides et favorisent des choix éclairés, je vous invite à fermer les yeux et à visualiser une ou des personnes retraitées que vous connaissez et dont le modèle de vie vous inspire. Qu'est-ce qui vous plaît dans leur façon de vivre ? Comment leur modèle pourrait-il vous être accessible ? Si vous avez du mal à trouver un tel guide, faites l'inverse et imaginez une personne retraitée dont le style de vie est contraire à vos aspirations. Que vous faut-il faire pour éviter cette situation ? À la lumière de vos réponses, vous pourrez choisir de mettre en œuvre des actions correspondant au modèle qui vous inspire, et garder en mémoire celles qui seraient contraires à ce modèle pour éviter de les engager.

## Les relations

Maintenant que vous avez une idée de la personne que vous voulez être plus tard, il est temps de commencer à réfléchir aux personnes dont vous voulez vous entourer. C'est un élément clé à votre préparation psychologique. Il ne faut pas croire que la retraite constitue une épreuve. Bien au contraire, c'est un cadeau de la vie. Elle peut, cela dit, apporter son lot de défis. Notamment en ce qui a trait à la solitude. Le départ du monde du travail implique la perte de ses collègues. L'absence de réseau social en dehors du travail susciterait un sentiment d'incompétence sociale chez certains individus. Alors s'installe un cercle vicieux les amenant à adopter des comportements d'évitement face à de nouveaux contacts et même face à des relations existantes, le tout menant à davantage d'isolement. Et, parfois, c'est pire pour les personnes qui vivent la fin de leur carrière comme une perte de leur valeur. Celles-ci ont encore plus tendance à s'isoler, parce qu'elles ne s'estiment plus. La solitude constitue alors un facteur de risque en matière de santé mentale. Il faudra garder en tête d'éviter de vous mettre à l'écart (à moins que ce ne soit un choix qui corresponde à votre tempérament) et de nourrir votre vie sociale.

Celle-ci, à la retraite, tourne habituellement autour de trois sphères : les relations d'amitié, la famille et le couple. En participant fréquemment à des activités sociales, les personnes à la retraite se sentent moins isolées et éprouvent plus de satisfaction au sujet de leur santé physique. Comme quoi le physique et le psychologique sont interreliés.

Identifiez dès maintenant les relations que vous souhaitez entretenir ou revoir. Cela vous permettra de faire des projets qui occuperont une partie de votre temps le moment venu. Faites un bilan de votre réseau social actuel, de votre cercle d'intimité et mettez en lumière les personnes qui contribuent à votre bien-être. Considérez que ce n'est pas la quantité des relations qui est le meilleur indicateur d'une bonne santé psychologique, mais plutôt la qualité de ces liens. Si vos relations se limitent à vos *amis* des réseaux sociaux, interrogez-vous !

Demandez-vous :

- Quelles personnes partagent vos champs d'intérêt ? Y en a-t-il avec lesquelles vous avez envie de passer du temps ? Et auprès de qui éprouvez-vous un sentiment de bien-être, de plaisir ?
- Quelles personnes reconnaissent vos compétences, votre valeur ? Avec lesquelles avez-vous l'impression de grandir, d'avancer ?
- Quelles personnes peuvent vous conseiller ? Sur qui pouvez-vous compter ? À qui pouvez-vous vous confier ?
- Avec quelles personnes avez-vous envie de renouer ?
- Que comptez-vous faire pour renforcer les liens avec les personnes qui vous sont chères ?

## La vie de couple

La relation de couple, sans préparation adéquate, risque d'être ébranlée, même de ne pas survivre à la retraite. Votre vie conjugale pourrait se complexifier avec ce changement de mode de vie. Chaque situation comportera ses défis, et la qualité de votre relation amoureuse sera déterminante pour la suite de votre parcours à deux.

La retraite suscite un certain déséquilibre. Le système couple est souvent fragilisé par les changements inhérents à celle-ci. Lorsqu'un élément bouge, cela affecte l'ensemble. Avec le temps, si vous changez, votre partenaire risque de changer aussi.

Bien que la recherche présente des résultats contradictoires au sujet de l'adaptation des couples à la retraite, bon nombre de personnes traverseront une crise existentielle qui aura un effet sur leur partenaire de vie. Si cela vous arrive, il sera prudent de laisser tomber la poussière avant de prendre des décisions hâtives.

Avant de prendre votre retraite, il serait avisé d'ouvrir le dialogue avec votre partenaire à propos de divers sujets. Une bonne communication devrait être au cœur de vos priorités puisque essentielle à la survie du couple. Bien communiquer permet d'être davantage sur la même longueur d'onde, de mieux comprendre le vécu de chacun et d'exprimer vos attentes respectives. Les demandes implicites et les non-dits sont générateurs de conflits.

Il serait pertinent de discuter de certains comportements ou attitudes qui pourraient favoriser d'emblée votre bien-être conjugal. Les relations de couple demeurent plus satisfaisantes lorsque les deux partenaires y mettent du leur, lorsqu'ils s'épaulent mutuellement et se soutiennent sur le plan émotif. Dans le cas contraire, plus l'effort d'adaptation consenti par un des partenaires est important, moins ce dernier sera satisfait.

Il en va de même en ce qui concerne les rôles au sein du couple. Il sera préférable de discuter du partage des corvées et d'anticiper les problèmes qui pourraient survenir, notamment ceux liés aux stéréotypes. S'il est préférable de ne pas en être prisonnier, rien n'empêche de choisir de s'y conformer pourvu que ce soit d'un commun accord.

Il sera également avisé de discuter de gestion financière en raison des revenus amoindris à venir. Certaines décisions relèvent de vous ; d'autres, de votre couple. La séparation de certains comptes bancaires alloués aux dépenses pourrait éviter des conflits, surtout si vos habitudes de consommation ou votre relation à l'argent diffèrent de façon importante de celles de votre partenaire.

La question du territoire sera un autre aspect à considérer. Peu importe la grandeur de votre demeure, un petit coin personnel pourrait être aménagé. Cette adaptation de l'espace favorisera l'harmonie conjugale, permettant à chacun de vaquer à ses occupations personnelles, de se retrouver, de réfléchir ou de méditer.

Dans ce dialogue que vous ouvrirez avec votre douce moitié, pratiquez le lâcher-prise. Faites preuve d'ouverture, sans vous oublier pour autant. La souplesse permettra de choisir vos combats, ceux qui en vaudront la peine. Dire oui ne signifie pas être incapable de s'affirmer et dire non ne veut pas automatiquement dire qu'on cherche à s'opposer.

Il faudra également garder en tête que vous devrez redéfinir votre quotidien. Si, avant la retraite, vous ne côtoyiez votre partenaire que quelques heures par semaine, ce pourrait être un défi de réapprendre à vivre à deux. Désormais, vous pourriez être ensemble vingt-quatre heures sur vingt-quatre. Cette présence permanente risque d'augmenter les frictions et d'engendrer des rapports de pouvoir. Vu d'un angle positif, tout ce temps pourrait également servir à retrouver votre complicité d'antan et vous faire revivre le plaisir de partager des moments ensemble.

Plusieurs personnes se demandent s'il est préférable de prendre leur retraite au même moment que l'être cher ou s'il vaut mieux le faire en différé. La littérature ne fournit pas de réponse unanime à cet effet. À vous de voir ce qui sera bénéfique selon votre situation personnelle et le vécu de votre couple.

Avoir des champs d'intérêt communs est à la base de l'harmonie de bon nombre de ménages malgré le fait que les activités ne devraient pas uniquement être le fruit de compromis. Exprimer vos envies contribuera à votre bien-être personnel, et cela se reflétera sur votre vie amoureuse. Prévoyez de vous accorder suffisamment d'espace afin d'avoir certaines occupations chacun de votre côté, évitant ainsi de vivre au coude à coude ou de n'avoir plus rien à vous dire. Vous aurez le droit d'entretenir des amitiés spécifiques et de développer vos propres passions. Vous pourrez ainsi vous apporter de l'eau au moulin en vous racontant mutuellement vos activités. Mais bien que vos choix ne concernent que vous, certains engagements pourraient avoir un effet sur votre partenaire de vie. Parlez-en au préalable, évitez de faire cavalier seul !

> *« L'intimité c'est de pouvoir déposer des rêves et des projets de vie dans les possibles de l'autre, avec l'espoir d'en réaliser quelques-uns avec lui ou pour soi. »* – Jacques Salomé

**BREF COUP D'ŒIL SUR LE RÉEL**

Durant vos discussions préliminaires, l'humour pourrait devenir un allié utile, voire indispensable, pour dédramatiser bon nombre de situations. Je vous donne en exemple une histoire entendue par mon amie Denise lors de sa session préparatoire à la retraite. Elle illustre comment les plaisanteries peuvent dénouer certains conflits. Un participant a raconté qu'il se disputait avec son épouse concernant la façon de mettre le rouleau de papier hygiénique sur le dévidoir. Cette dernière exigeait qu'il soit placé de manière à ce que le papier descende devant le rouleau. L'homme, qui trouvait cette exigence futile, n'y portait pas attention. Exaspéré de subir les remontrances de son épouse, il a décidé de fixer au mur un deuxième dévidoir à côté du premier. Ainsi, chacun disposerait du sien. En optant pour cette solution, l'homme a réussi à faire sourire sa douce et tous deux ont eu le loisir d'installer leur rouleau de papier hygiénique selon leur propre conception.

Les histoires ne se terminent pas toutes avec le sourire. Il est possible qu'une fois à la retraite, vous constatiez qu'après avoir passé un bon moment ensemble, malgré vos efforts et votre bonne volonté, vous avez des différences qui paraissent irréconciliables. Vous pourriez sentir que vous n'êtes plus sur la même longueur d'onde ou que vos sentiments ne sont plus au rendez-vous. Il arrive que des couples fassent malheureusement les frais d'une trop longue vie en parallèle. Dans certains cas, l'aide professionnelle pourrait s'avérer bénéfique. Accepter cette aide ne saurait constituer une forme d'échec ni l'expression d'une quelconque faiblesse. Il existe d'excellents sexologues et thérapeutes conjugaux.

Pour éviter le plus possible ce genre de situation, essayez d'examiner la situation dans laquelle se trouve votre couple avant votre départ à la retraite. Pour savoir si vous êtes sur la même longueur d'onde, posez-vous les questions suivantes :

- Avez-vous discuté de votre retraite avec votre partenaire de vie ? Sinon, quand prévoyez-vous de le faire ?
- Si oui, y a-t-il un ou des sujets que vous n'avez pas encore abordés (ex. : les activités communes et individuelles, les tâches ménagères, l'espace de vie, le budget, la vision de l'avenir, l'intimité, la sexualité) ? Quand comptez-vous le faire ? Vos discussions ont-elles été concluantes ? Sinon, quelles solutions sont envisageables ?

- Quels changements risquent le plus d'affecter votre couple au moment de votre retraite (que vous et votre partenaire la preniez en même temps ou à des moments distincts) ?
- Anticipez-vous l'émergence de conflits? Si oui, que pouvez-vous faire pour les prévenir ?

Aucune préparation ne vous prémunira contre la nécessité de vous ajuster à la réalité et aux besoins qui surviendront en temps et lieu. Et parfois, ce sera pour le mieux. Pouvoir partager des moments agréables de votre existence avec l'être cher risque de vous apporter beaucoup de joie, ne vous en privez pas !

## La famille

Outre la préparation par rapport à votre couple, il faut aussi considérer celle relative à vos autres proches ; vos parents, vos enfants et vos petits-enfants.

Pour certaines personnes, la retraite permettra de développer de nouveaux rapports familiaux. Être plus disponible pourrait s'avérer une possibilité de faire profiter vos proches de votre expertise particulière dans un domaine, ou simplement de vos connaissances et de votre expérience de vie. Cela pourrait devenir l'occasion rêvée de vous rapprocher de vos petits-enfants, de leur offrir votre écoute, de vous amuser avec eux, de leur faire connaître vos valeurs et votre histoire. Cette perspective sera agréable, pourvu qu'elle vous convienne.

En contrepartie, vos proches pourraient profiter de votre disponibilité, étant donné que le temps est une denrée rare. Ils pourraient vous demander de garder un enfant souffrant, de prendre soin d'un membre de la famille ou de le conduire à un rendez-vous. L'accroissement de la longévité fait en sorte que bon nombre de personnes à la retraite se retrouvent coincées entre les besoins de leurs enfants et ceux de leurs parents.

Être plus disponible ne signifie quand même pas devenir responsable de ce que les autres n'ont pas le temps de faire. Apprenez au plus vite à dire non! Vous n'avez pas à vous substituer à vos enfants au regard des rôles parentaux ni à votre fratrie au regard des besoins de vos parents, mais rien ne vous empêche de leur rendre service de temps en temps.

Je vous invite à réfléchir à l'avance au rôle que vous souhaitez jouer, de façon à éviter de laisser les gens s'emparer de votre temps et l'organiser à votre place, le moment venu. Il sera avisé d'anticiper certaines demandes et d'annoncer vos couleurs à l'avance. Plus vos *oui* seront clairs et affirmés, plus vos *non* seront faciles à accepter. Gardez en tête que vous pouvez toujours demander un délai. Cela vous permettra de nuancer vos réponses en offrant peut-être des solutions de rechange intéressantes. Ainsi, plutôt que de simplement refuser une demande de gardiennage, vous pourriez dire: *Je ne garderai pas les enfants tous les jours, mais je t'offre de le faire lorsqu'ils seront malades.* Et, face à une demande d'aide financière, vous pourriez répondre: *Je ne te soutiendrai pas financièrement dans tes projets, mais je peux t'allouer quelques heures de travail bénévole.*

En aucun temps, vous ne devriez avoir à justifier vos réponses. Bien sûr qu'il ne s'agit pas pour autant d'adopter une attitude rigide ou défensive concernant les demandes qui vous seront adressées et de garder jalousement tout votre temps. Vous devrez simplement vous assurer que vos *oui* soient bien vôtres, étant donné que dire oui à quelque chose signifie dire non à autre chose. Avant de penser à ouvrir votre carnet de bal, il vous sera utile de prendre en compte vos propres projets et surtout votre état de santé et votre niveau d'énergie.

Et si vous envisagez d'accorder beaucoup de temps à vos proches, prévoyez garder des moments pour vous. De la même manière, si vous faites déjà du bénévolat, n'envisagez pas trop rapidement d'offrir une plus grande disponibilité au moment de commencer votre retraite. L'énergie ainsi conservée vous permettra de fournir votre soutien plus longtemps, et ce, dans le plaisir.

Gardez également en tête que, dans le cas où votre engagement deviendrait trop lourd, il ne faudra pas attendre que l'épuisement survienne pour faire une pause. Lorsqu'on pousse trop loin l'investissement, il n'est pas rare que l'empathie se transforme en sympathie, auquel cas le risque d'usure de compassion s'accentue[8].

---

8. L'usure de compassion survient lorsque la personne dépasse un certain seuil de fatigue physique et émotionnelle par rapport au soutien qu'elle donne, et qu'elle n'arrive plus à se ressourcer.

Votre cœur ne devrait pas être le seul maître de vos décisions. Cette mise en garde concerne notamment les femmes qui auraient tendance à se rendre plus facilement disponibles pour donner des soins. La solution pourrait résider dans un dosage équilibré de votre implication. Vous adjoindre des ressources externes serait aussi susceptible de rendre votre apport plus acceptable, surtout dans la perspective d'un soutien à long terme. Si vous comptez vous engager de façon plus officielle, il serait également avisé d'en parler au préalable avec votre partenaire de cœur.

Préparez-vous à dire que votre statut de personne retraitée ne signifie pas d'emblée que vous porterez toutes les responsabilités. Cette position ne sera pas toujours comprise ou bien accueillie. Elle pourra peut-être même devenir source de conflits avec votre entourage. Enfin, soyez prêt à faire des mises au point et peut-être même à tenir des conversations courageuses dans le cas d'abus. Discuter des besoins de vos petits-enfants avec vos enfants ou de ceux de vos parents avec votre fratrie lors d'un conseil de famille pourrait permettre de maintenir l'harmonie familiale, de faire consensus quant aux orientations à prendre et de convenir du rôle de chacun.

Bien que la retraite permette de disposer de plus de temps, c'est souvent le contraire qui se produit avec les revenus. Ainsi, à l'instar de bon nombre de personnes, vous devrez réajuster votre budget et possiblement moduler vos réponses aux demandes de soutien financier de votre entourage. Si vos enfants sont encore jeunes, ce qui risque d'être le cas particulièrement chez les familles reconstituées, vous pourriez avoir encore des responsabilités financières. S'ils sont adultes, ne vous croyez pas pour autant à l'abri de leurs demandes de soutien pécuniaire. Au cas où vous anticiperiez d'avoir du mal à les repousser, répondre par écrit ou vous exercer à le faire avec une personne de confiance pourrait vous donner plus d'aplomb. Si court soit-il, le mot *non* demeure difficile à prononcer pour plusieurs personnes.

Gardez également en tête que plus vous avancerez en âge, plus grands seront les risques que les rôles s'inversent et que ce soit à votre tour de requérir le soutien de votre progéniture pour divers rendez-vous ou diverses tâches. Peut-être aussi que ce sera grâce à leur concours que vous pourrez boucler vos fins de mois. Il n'y a pas de honte à cela.

## ÊTRE PRÊT FINANCIÈREMENT

L'aspect financier de la préparation à la retraite n'est pas l'objet de ce livre. Les données que vous avez rassemblées à la section *Et l'argent dans tout ça ?* constitueront un bon départ à votre préparation financière. Je ne les reprendrai pas ici. Mais il est tout de même important de s'y attarder un peu. L'argent, on l'a souvent dit, n'est pas synonyme de bonheur. Malgré tout, c'est ce qui inquiète plusieurs personnes au moment de la retraite (j'étais la première à m'en préoccuper). J'aborderai donc des aspects généraux à ne pas négliger dans la présente section.

Concentrez votre attention sur la base ! Évitez d'improviser, pour ne pas finir votre vie dans la précarité financière. Il faut accomplir des gestes dès que possible afin d'éviter des difficultés telles que celles rencontrées par la cigale dans la fable *La cigale et la fourmi* de Jean de La Fontaine.

Plus vous aurez commencé à investir tôt et plus vos investissements seront importants, mieux vous vivrez loin des soucis financiers. Évidemment, cela n'est pas possible pour tout le monde, notamment pour les gens à faibles revenus, et pour bon nombre de femmes qui gagnent souvent un salaire inférieur à celui des hommes et vivent habituellement plus longtemps qu'eux. C'est également le cas pour les personnes qui doivent quitter le marché du travail pour des raisons de santé. Partir avant l'échéance prévue peut entraîner des conséquences qui affecteront la réalisation de certains projets.

Gardez en tête que, selon vos valeurs et vos choix de vie, votre retraite pourrait tout de même devenir accessible plus rapidement que vous ne le pensez. Revoir son budget et vivre plus modestement pour moins travailler s'avérera une avenue intéressante pour certaines personnes. La simplicité volontaire et la diminution de l'empreinte écologique sont des concepts qui correspondent aux normes sociales actuelles et permettent de vivre différemment. Il y a longtemps, ma mère décourageait mes impulsions d'achats avec la phrase *En as-tu vraiment besoin ?*[9] Peut-être faut-il s'en inspirer...

Lorsque vous serez à votre retraite, quelques dépenses disparaîtront (ex. : les déplacements pour vous rendre au travail, les vêtements spécifiques à l'emploi), mais d'autres surviendront (ex. : les sorties, les repas au restaurant, les voyages). Revoyez vos priorités pour mieux réajuster votre budget. Idéalement, tentez d'éliminer sinon de réduire le plus possible votre dette pendant que vous recevez un salaire, sinon consolidez vos emprunts pour les rembourser à de meilleurs taux d'intérêt. Idéalement, il ne faudrait vous endetter que pour investir, sinon il est suggéré de respecter la loi des douze mois, selon laquelle il faut s'assurer de payer ses dettes à l'intérieur de cette période, à moins qu'une entrée d'argent ne soit prévue à brève échéance.

Dans votre budget, tenez également compte des réajustements qui pourraient survenir dans les prestations des futures cohortes de personnes à la retraite. Le pouvoir politique s'inquiète régulièrement du coût des régimes de pensions vu l'augmentation de l'espérance de vie des retraités et la décroissance de la population des jeunes sur le marché du travail. Déjà, dans les dernières années, certaines rentes n'ont plus été indexées au coût de la vie. Et la faillite de grandes entreprises a entraîné

---

9. Plus récemment, Pierre-Yves McSween reprenait l'expression comme titre de son livre. Ma mère était sans doute visionnaire.

la suppression de fonds de pension privés. De tels changements risquent de se reproduire à plus grande échelle à l'avenir. Autant que possible, diversifiez vos sources de revenus, vous serez plus à même de tirer votre épingle du jeu advenant un coup dur.

Si vous êtes aux portes de la retraite et avez omis de vous préparer financièrement ou n'avez pas été en mesure de le faire, des spécialistes en la matière pourront vous proposer des solutions.

Gardez en tête que, même si la préparation financière est un passage obligé avant la retraite (après tout, on ne peut se contenter de vivre d'amour et d'eau fraîche !), évitez d'axer toute votre vie sur l'accumulation d'argent pour votre départ du marché du travail. Votre être devrait l'emporter sur vos avoirs.

## La retraite, que faire de tout ce temps?

Le monde dans lequel nous vivons est grandement basé sur l'économie et a tendance à délaisser ses personnes âgées. Pourtant, elles occupent des rôles sociaux bien souvent indispensables au bon fonctionnement de la collectivité. Uniquement parce qu'elles ne font plus partie d'un milieu de travail, dans la majorité des cas, elles sont considérées à tort comme non productives.

Il est important que vous ne vous laissiez pas affecter par cette vision associée à la rentabilité. Le fait de planifier votre retraite en recueillant de l'information, en mettant en place des activités, en trouvant des loisirs, des centres d'intérêt ou des passe-temps vous permettra d'avoir une vision plus optimiste de votre retrait du marché du travail. Et ça vous permettra de vous réaliser pleinement, même si vous n'avez pas de grand projet. En fin de vie, il y a deux choses que l'humain se pardonne difficilement: ne pas avoir suivi ses aspirations et ses rêves, et ne pas avoir été au bout de ses possibilités[10].

Pour certains, le défi sera de trouver une activité ou une cause où s'impliquer plus activement tout en sauvegardant leur liberté. Ces individus ont besoin d'avoir des occupations pour fonctionner, pour s'accomplir. Si c'est votre cas, vous aurez peut-être du mal à vous activer si vous n'avez aucun projet assez consistant pour justifier d'y mettre de l'énergie. Cela ne signifie pas qu'il faille pour autant vous engager dans un tourbillon pour avoir quelque chose de grandiose à prouver ou à raconter. Il est inutile de vous transformer en *Grenouille qui se veut faire aussi grosse que le bœuf,* ou d'inonder les réseaux sociaux en cherchant à vous glorifier de faire des activités plus spéciales que les autres.

Pour d'autres, le défi sera de ne pas succomber à la pression sociale qui force les personnes retraitées à s'engager à tout prix dans des projets ou une quête particulière comme si, sans cela, leur retraite allait être un fiasco. Bien que nous vivions dans une société qui valorise davantage les loisirs ou une deuxième carrière à la retraite, il n'y a aucune honte à choisir une autre voie. Avoir le pouvoir de décider est un privilège dont il faut profiter. C'est ainsi que, pour certaines personnes, le

---

10. Kübler-Ross, Elisabeth, dans Le Saget, Meryem (2013). *Le manager intuitif. Vers l'entreprise collaborative,* 3e édition, Paris, Dunod, p. 219.

projet sera de ne pas avoir de projet précis, d'embrasser leur nouveau statut sans avoir de plan défini et de savourer le moment présent en habitant leur vie par les plaisirs du quotidien, des loisirs improvisés.

Dans un cas comme dans l'autre, soyez fidèle à vous-même pour déterminer ce qui conviendra le mieux à votre situation. Et gardez en tête que rien ne vous empêche de repenser vos choix une fois la poussière retombée. L'univers des possibles n'aura pas à se traduire par l'univers des obligations ! Vos engagements ne seront jamais définitifs, et ce, quel que soit le projet que vous embrasserez. Vous aurez toujours le loisir de ne pas terminer une formation, de quitter un nouveau travail ou de cesser un soutien bénévole. Après tout, votre vie n'en dépendra pas !

De toute façon, votre situation évoluera sûrement au fil des années. Il est probable que, dans le processus de vieillissement, votre énergie et vos capacités se modifient, limitant du coup certains choix. Pour actualiser vos désirs, considérez que vous aurez besoin d'utiliser votre Épargne santé. Que vous soyez jeune ou pas, il sera prudent d'accorder la priorité à certains projets en prenant en compte les phases du vieillissement. Ces dernières pourraient faire en sorte que vous ne serez pas toujours en mesure de réaliser de façon optimale les activités que vous souhaitez faire. C'est pourquoi il sera avisé de prendre part d'abord à celles qui exigent une meilleure forme physique ou cognitive.

Admettons que votre plan comporte des projets tels que lire, voyager, bricoler et apprendre une nouvelle langue. Étant donné que les voyages exigent beaucoup d'énergie et nécessitent habituellement que l'on réponde à des critères d'assurabilité, il sera sage de placer ce projet au haut de votre liste. Dans le même ordre d'idées, l'apprentissage d'une nouvelle langue, qui requiert une bonne mémoire, devrait passer avant la lecture et le bricolage, activités qui peuvent être réalisées à tout âge ou presque. Si par chance vos capacités demeurent adéquates plus longtemps, ce sera un plus vous permettant de savourer plus de projets à la fois ou des projets semblables sur une plus longue période.

## LA LOTERIE DU TEMPS

La retraite est, au Québec, surnommée *l'âge d'or.* Cette appellation entendue ad nauseam en fait réagir plusieurs, qui objectent qu'il n'y a rien d'or à cette période et que le fait de vieillir n'apporte habituellement pas la richesse. Pour ma part, je considère qu'on s'enrichit par un gain à la loterie du temps. Eh oui! La retraite vous rendra millionnaire par l'ajout d'innombrables minutes libres à votre agenda, ce qui n'est pas négligeable.

Par exemple, si vous étiez au travail sept heures par jour, et ce, durant cinq jours, vous pourriez gagner trente-cinq heures de liberté par semaine et encore plus, selon le temps requis pour vos déplacements. Si on retire du calcul deux semaines de vacances et quelques jours fériés, vous disposeriez annuellement d'environ six millions de secondes additionnelles de liberté!

Ce nombre représente au moins 20 % de temps libre additionnel par semaine. Puisque l'espérance de vie est d'environ 80 ans, vous pourriez bénéficier d'au moins une quinzaine d'années à la retraite, soit de plus de 25 000 heures si on établit les calculs à partir de la moyenne d'âge de la prise de la retraite (environ 65 ans). Si on ajoute au total de ces heures les week-ends et une partie des soirées dont vous disposez déjà, cela fait pas mal de temps à occuper. Il va de soi que ce calcul n'a pas pour objet de vous obliger à le programmer entièrement ni de vous contraindre à vous mettre au service d'un nouvel agenda. Un tel pactole justifie tout de même une période de réflexion afin de l'aménager à votre image.

Prendre conscience de l'usage de vos précieuses minutes vous rendra plus à même de faire des choix éclairés pour en profiter pleinement dès aujourd'hui et au moment de votre retraite. À cet effet, je vous propose d'effectuer un bilan de l'utilisation actuelle de votre temps.

Dans un tableau, consignez le temps accordé à chacune des activités que vous faites durant une semaine typique. Par la suite :

- Regroupez les activités en catégories (le tableau bilan qui suit propose un exemple pour faciliter votre travail) et faites le total pour chacune d'elles.
- Soustrayez votre nombre d'heures de sommeil du total d'heures dans sept jours, soit cent soixante-huit, pour obtenir le nombre d'heures d'éveil.
- Établissez ensuite un pourcentage pour chaque catégorie en ayant recours à la bonne vieille règle de trois (nombre d'heures pour une activité donnée multiplié par cent et divisé par le nombre d'heures d'éveil).

Par exemple, pour une personne qui dort soixante heures par semaine et consacre dix-huit heures à la préparation et à la prise des repas. On établit le pourcentage de cette activité en calculant d'abord le nombre réel d'heures où elle est éveillée.

$$168 - 60 = 108$$

Et en faisant ensuite la règle de trois.

$$18 \times 100 = 1\,800$$

$$1\,800 \div 108 = 16{,}5$$

**Le résultat est donc de 16,5 %.**

Continuons l'exemple en remplissant le tableau (divisé en demi-heures) de cette personne hypothétique :

**Légende**

| Catégorie | Symbole | Sous-catégorie |
|---|---|---|
| **Hygiène** | Ex | Exercices ou activités physiques |
| | H | Hygiène et soins personnels |
| **Tâches (ménagères et autres)** | C | Courses |
| | G | Gestion/finances |
| | M | Ménage |
| | PR | Préparation et prise des repas |
| **Temps pour soi** | B | Bénévolat |
| | É | Études |
| | L | Loisirs / exploration de diverses avenues |
| | A | Rencontres amicales |
| | T | Travail / activités professionnelles |
| **Temps pour relaxer** | R | Réflexion/méditation |
| | S | Sommeil |
| **Autres** | Au | Ex.: déplacements |

| | Jours de la semaine | | | | | | |
|---|---|---|---|---|---|---|---|
| | **L** | **M** | **M** | **J** | **V** | **S** | **D** |
| 0-1 | S | S | S | S | S | S | S |
| | S | S | S | S | S | S | S |
| 1-2 | S | S | S | S | S | S | S |
| | S | S | S | S | S | S | S |
| 2-3 | S | S | S | S | S | S | S |
| | S | S | S | S | S | S | S |
| 3-4 | S | S | S | S | S | S | S |
| | S | S | S | S | S | S | S |
| 4-5 | S | S | S | S | S | S | S |
| | S | S | S | S | S | S | S |
| 5-6 | PR | PR | S | S | S | S | S |
| | R | Ex | S | S | S | S | S |
| 6-7 | E | H | PR | PR | PR | PR | S |
| | L | L | L | L | L | G | S |
| 7-8 | L | L | L | L | L | G | PR |
| | H | L | H | H | H | M | M |
| 8-9 | Au | Au | Au | Au | Au | H | H |
| | T | T | T | T | T | H | H |
| 9-10 | T | T | T | T | T | Ex | C |
| | T | T | T | T | T | Ex | C |
| 10-11 | T | T | T | T | T | Ex | C |
| | T | T | T | T | T | PR | PR |
| 11-12 | T | T | T | T | T | PR | PR |
| | T | T | T | T | T | Au | B |

| | | | | | | | |
|---|---|---|---|---|---|---|---|
| 12-13 | PR | PR | PR | PR | PR | A | B |
| | A | PR | PR | PR | PR | A | M |
| 13-14 | T | T | T | T | T | A | M |
| | T | T | T | T | T | A | L |
| 14-15 | T | T | T | T | T | A | L |
| | T | T | T | T | T | A | L |
| 15-16 | T | T | T | T | T | A | L |
| | T | T | T | T | T | A | L |
| 16-17 | T | T | T | T | T | PR | PR |
| | Au | Au | Au | Au | Au | PR | PR |
| 17-18 | PR | PR | PR | PR | PR | PR | PR |
| | PR | PR | PR | PR | PR | A | L |
| 18-19 | L | L | L | L | L | A | L |
| | L | L | L | L | L | A | L |
| 19-20 | L | L | L | Au | C | A | L |
| | L | L | L | A | C | A | L |
| 20-21 | L | L | L | A | C | A | L |
| | L | L | L | Au | C | A | L |
| 21-22 | S | S | S | S | S | A | L |
| | S | S | S | S | S | Au | L |
| 22-23 | S | S | S | S | S | S | S |
| | S | S | S | S | S | S | S |
| 23-24 | S | S | S | S | S | S | S |
| | S | S | S | S | S | S | S |

**Tableau bilan de l'utilisation de votre temps éveillé selon diverses catégories d'activités**

| Catégorie | Sous-catégorie | Heures par semaine | % |
|---|---|---|---|
| Hygiène | Exercices ou activités physiques | 2 | 2 % |
| | Hygiène et soins personnels | 4,5 | 4 % |
| Tâches (ménagères et autres) | Courses | 3,5 | 3 % |
| | Gestion/finances | 1 | 1 % |
| | Ménage | 2 | 2 % |
| | Préparation et prise des repas | 18 | 16,5 % |
| Temps pour soi | Bénévolat | 1 | 1 % |
| | Études | 0,5 | 0,5 % |
| | Loisirs / exploration de diverses avenues | 23,5 | 22% |
| | Rencontres amicales | 9,5 | 9 % |
| | Travail/activités professionnelles | 35 | 32,5 % |
| Temps pour relaxer | Réflexion/ méditation | 0,5 | 0,5 % |
| Autres | Déplacements | 7 | 6,5 % |

Vous pourrez peut-être mieux visualiser vos résultats en les transférant dans un fichier de type Excel pour générer un graphique circulaire, par exemple.

Une fois que vous aurez tout calculé, posez-vous ces questions :

- Quels constats faites-vous à la suite de l'analyse de vos données ?
- Certaines catégories sont-elles surreprésentées ?
- Outre les activités nécessaires à une vie saine (le sommeil, l'hygiène, les repas, etc.), à quelles activités souhaitez-vous donner la priorité ? Dès à présent ? À votre retraite ?
- Comment pourriez-vous utiliser votre temps de façon plus satisfaisante ?

Peut-être devrez-vous raffiner votre analyse relativement à certaines occupations. Dans l'exemple qui précède, les loisirs occupent un peu plus du cinquième du temps. Par contre, si vos loisirs sont presque entièrement comblés par des jeux vidéo, ils ne satisferont peut-être pas vos besoins de la même façon que s'ils incluent des activités variées et significatives pour vous.

Il sera avisé de repenser ce tableau lorsque vous serez à la retraite, notamment en ce qui a trait aux trente-cinq heures que vous allez récupérer. Vous devrez leur accorder une attention particulière afin de vérifier si leur utilisation demeure toujours en concordance avec vos priorités.

## RETROUVER VOS RÊVES ET VOTRE RAISON D'ÊTRE

En tant qu'êtres humains, nous sommes animés par le désir d'avoir une vie riche et porteuse de sens. Nous avons besoin de savoir à quoi nous servons, et cela suscite certaines questions. Pourquoi nous levons-nous le matin ? Qu'est-ce qui nous nourrit ? Nous élève ? Quelle est notre mission sur terre ? Qu'en est-il de notre raison d'être ? Parfois, dans le tourbillon de la vie, nous n'avons guère le loisir de nous poser ces questions. L'arrivée de la retraite offre du temps et de l'espace pour le faire.

Cette dernière vous mènera effectivement à la croisée de nouveaux chemins. Elle vous offrira l'occasion d'inscrire un nouveau chapitre de votre histoire. Toutefois, il est inutile d'attendre ce moment pour le faire. Mettez vos projets en branle dès maintenant. Agissez, réalisez vos rêves et cessez de dire *Un jour, je...*

Avec votre expérience de vie, vous avez désormais la maturité et l'expérience permettant de mieux vous connaître, de savoir ce qui vous motive ainsi que de déterminer vos besoins et vos envies. En somme, vous devriez avoir une meilleure idée de ce que vous voulez et surtout de ce que vous ne voulez pas ! Faites le bilan de l'ensemble de vos réalisations ! Vous verrez probablement ressurgir des projets ou des envies que vous aviez mis en veilleuse.

Regardez d'anciennes photos de vous à l'adolescence et au début de votre vie d'adulte et posez-vous ces questions :

- Qu'est devenue la jeune personne pleine de rêves que vous étiez à ce moment-là ?
- Ce que vous aimiez à l'époque vous fait-il encore vibrer ?
- À quoi avez-vous renoncé pour vous consacrer à votre travail, à votre famille ? Ces rêves sont-ils toujours présents ?

Il est possible que vous ayez plutôt envie d'explorer de nouvelles avenues, de sortir de votre zone de confort. Élargissez alors votre pensée au moment présent :

- Avez-vous une *bucket list*[11] ? Et si oui, que contient-elle ? S'agit-il de défis réalistes ?
- Y a-t-il de nouvelles activités que vous aimeriez explorer ? Un défi que vous souhaiteriez relever ? Que comptez-vous faire pour y arriver ?
- Qu'est-ce qui vous donne l'impression d'être en vie, de vous sentir utile, de vous réaliser et d'être en harmonie avec vous-même ?
- Ce qui génère du bonheur dans votre vie et dans votre travail peut-il se poursuivre au moment de votre retraite ? De quelle manière ?

---

11. Une *bucket list* est une liste d'activités que l'on tient à faire avant de mourir.

La retraite vous place devant un ensemble de possibilités et, d'entrée de jeu, on peut affirmer que c'est un beau problème. Essayez de considérer les projets et les défis auxquels vous rêvez comme un plat de bonbons. Pour ma part, évoquer des sucreries suscite des ancrages liés à mon enfance et me ramène facilement au plaisir, au rêve. Ainsi, supposons que ce plat soit constitué de friandises aux formes et aux saveurs diverses. Vous connaissez certains de ces bonbons, d'autres pas. Il y en a que vous préférez, d'autres que vous détestez alors que certains vous indiffèrent. Une fois passée l'excitation liée à l'abondance, que voulez-vous faire de ces sucreries ? Si vous cherchez à les manger toutes en même temps, vous risquez une indigestion. Si vous ne faites que les regarder, cela vous empêchera de connaître le plaisir d'apprécier leurs différentes saveurs. Il en est de même pour vos rêves.

Peut-être ressentirez-vous le besoin d'occuper votre temps avec des passe-temps, des loisirs stimulants. Ou peut-être préférerez-vous développer de nouvelles compétences en vous inscrivant à un programme d'études, boucler ou bonifier votre budget en travaillant dans un nouveau domaine, ou offrir votre temps bénévolement à une cause. Il est aussi possible que vous ressentiez plutôt le besoin de voleter sans contrainte comme une feuille au vent. Il n'y a pas de mal à laisser la vie décider pour vous, du moment que ce choix est le vôtre et qu'il est fait en toute connaissance de cause.

Les réflexions que vous venez de faire devraient contribuer à mieux orienter vos choix à la retraite et, comme disait ma mère, *à savoir quoi faire de votre peau*. Un merveilleux tas de bonbons est étalé devant vous, il ne vous reste qu'à choisir lesquels vous voulez savourer ! Ayez conscience des défis et des plaisirs que chaque possibilité suppose. Une partie de vous devrait se retrouver *sur son X*, selon l'expression qui signifie que l'on est en parfaite harmonie avec soi-même et sa vie. Gardez cette perspective en tête en parcourant les sections qui suivent.

## VOUS AMUSER, PEU IMPORTE VOTRE ÂGE

Les loisirs ne sont pas à négliger. Outre le fait d'être plaisants, ils peuvent combler différents besoins. Cela vaut la peine de prendre le temps d'explorer les différentes avenues relatives aux activités, aux passe-temps ou aux projets que vous pourrez faire au moment de votre retraite. Je vous suggère de commencer à expérimenter dès maintenant. Cela vous permettra de constater l'investissement que certaines activités nécessitent, de voir celles qui vous sourient le plus et d'élaguer celles qui ne vous correspondent pas. De même, vous pourrez déjà en intégrer quelques-unes à votre routine actuelle. Vous serez dans leur continuité, au moment de votre retraite.

Certains loisirs peuvent répondre à des **besoins affectifs et sociaux**. Outre vos rencontres avec votre famille ou avec vos amis, vous pourriez avoir envie de côtoyer de nouvelles personnes. Les clubs sociaux favorisent de telles rencontres. Certains sont basés sur des champs d'intérêt communs (ex. : un club de bridge, un club de marche, encore un club de lecture) alors que d'autres proposent des activités philanthropiques (ex. : les clubs Rotary[12]).

Même si on ne peut prévoir ce genre d'occasion, gardez en tête que vous pourrez également profiter de rencontres opportunes. Vous aurez la possibilité de transformer l'affirmation *Une bonne fois, il faudrait aller prendre un café* en *J'ai maintenant le temps et cela me fera plaisir de prendre un café avec toi.* Rappelez-vous tout de même que vous ne pourrez courir tous les lièvres à la fois ni entretenir des amitiés avec tout le monde.

---

12. Les clubs Rotary existent dans bon nombre de pays. Ils regroupent des personnes qui œuvrent pour soutenir des causes, notamment dans leur communauté.

Au-delà de vos choix, c'est principalement votre attitude qui vous fera vivre des moments riches au plan relationnel. Commencez dès aujourd'hui à mettre en pratique ces quelques astuces pour en faire des habitudes :

- Intéressez-vous aux gens plutôt que de leur parler uniquement de vous.
- Évitez les commérages. Faites l'exercice des trois passoires de Socrate : ne diffusez que ce qui est vrai, bon ou utile.
- Fuyez les personnes toxiques. Évaluez vos différentes relations et ne côtoyez que les personnes qui vous amènent à vous sentir bien. Rappelez-vous que des amis en grand nombre sur les réseaux sociaux ne sont pas synonymes d'amis véritables ou d'absence de solitude.

Une autre option s'offre également aux personnes retraitées qui veulent combler une partie de leur solitude sans nécessairement se tourner vers le contact humain : l'adoption d'un animal de compagnie. Si cela vous emballe, vous devrez d'abord vérifier les coûts reliés à l'arrivée de ce nouveau camarade dans votre vie ainsi que votre disponibilité réelle pour vous en occuper. Les refuges débordent. Allez faire un tour ! Outre l'adoption, il existe diverses options ; vous pouvez devenir famille d'accueil, par exemple.

Dans le cadre de vos loisirs, il est également bon de répondre à vos **besoins de faire de l'activité physique** (promener le chien de vos voisins pourrait y répondre en partie). Il s'agit d'un facteur de protection pouvant vous empêcher de vous transformer en *tamalou* (c.-à-d. *T'as mal où ?*). Profitez des activités offertes par les municipalités. Certaines sont gratuites.

Les activités de nature passive, comme regarder la télévision, occuperaient plus de la moitié du temps libre des personnes aînées. Ce pourcentage s'accroîtrait avec l'âge pour atteindre les deux tiers du temps libre des 75 ans et plus[13]. Rappelez-vous que la retraite est une nouvelle étape de votre vie et non la fin de celle-ci ! Prévoyez de bouger de façon régulière afin d'en ressentir les bienfaits.

D'autres activités vous permettront de répondre à des **besoins artistiques et culturels**. L'art et la culture peuvent faire naître de belles émotions, que ce soit par une pratique active (ex. : peindre, chanter, jouer au théâtre) ou passive (ex. : assister à des concerts, lire des romans, visiter des musées). Les voyages répondent aussi à des besoins artistiques et culturels ; pourquoi ne pas tester l'adage voulant qu'ils forment la jeunesse ? Un bel élixir en perspective ! Vous pourriez même explorer de nouveaux talents et mettre votre créativité à profit.

Les activités répondant à votre **besoin** de développer sinon de maintenir vos **capacités intellectuelles** ne sont pas à négliger non plus. Il faudra continuer à stimuler votre cerveau. Pensez aux livres que vous voudriez lire.

---

13. Tiré de l'Institut de la statistique du Québec. Récupéré le 12 mars 2020 de www.stat.gouv.qc.ca/docs-ken/vitrine/vieillissement/index.html?theme=population&tab=2.

Envisagez de varier leurs genres et leurs niveaux de difficulté. Lire quelque chose d'un peu plus ardu contribuera à garder votre cerveau alerte plus longtemps. Tenez-vous au courant de ce qui se passe dans le monde, consultez les journaux, discutez de l'actualité avec vos proches.

Pensez à explorer de nouveaux champs d'intérêt. Est-ce que des cours pourraient vous intéresser ? Cela vous aiderait à créer de nouvelles connexions neuronales, et vous éviterait d'effectuer seulement des activités routinières. Et, si ce n'est déjà fait, commencez dès maintenant à vous intéresser à la technologie (ex. : l'informatique, les réseaux sociaux, les téléphones intelligents) de façon à vous maintenir à jour. Au besoin, faites-vous aider par vos proches.

Finalement, nourrissez vos **besoins spirituels**. La présence attentive, la méditation ou la religion peuvent y contribuer. Trouvez vos propres réponses à l'existence (ex. : le sens de la vie et de la mort). La qualité de votre présence dans le moment présent vous aidera à apprécier votre vie, vos relations et contribuera à vous préparer à faire face aux pertes et aux deuils. Apprivoisez le silence pour vous retrouver. Obligez-vous à vivre parfois loin de toute stimulation.

Gardez en tête qu'il ne faudra pas tenter de combler le vide avec tout ce qui vous tombe sous la main. L'inactivité et la solitude sont parfois bénéfiques et vous permettront de vous recentrer sur votre moi intérieur. Vous pourrez vous réserver des instants pour savourer la joie de ne rien faire, un peu à la manière du célèbre Gaston Lagaffe, ou pour vivre le moment présent, faire de la contemplation.

> *« Être en vacances, c'est n'avoir rien à faire et avoir toute la journée pour le faire. »* — Robert Orben

Songez qu'il vous faudra équilibrer vos activités en nourrissant votre corps, votre esprit et votre cœur. Certaines de vos occupations pourraient répondre à plusieurs besoins à la fois. Ainsi, faire une balade avec des proches touchera à la fois à des besoins physiques, sociaux, affectifs et peut-être même spirituels. Coucher sur papier le récit de votre vie comblera des besoins affectifs et intellectuels alors qu'entretenir une correspondance épistolaire satisfera des besoins intellectuels, affectifs, tout en sollicitant des habiletés physiques au regard de la motricité fine. Au-delà de ces considérations, vos choix devraient contribuer à faire de vous une personne pleinement vivante.

Il n'existe pas de règles pour évaluer ce qui correspond le mieux à vos besoins et à vos capacités. Il va de soi que vous pourrez apprécier davantage certains loisirs si vous êtes en bonne santé et disposez de l'argent nécessaire pour en profiter.

Libre à vous de choisir ce qui vous parle le plus ! Prenez le temps de dresser l'inventaire des loisirs et des occupations que vous souhaitez mettre au premier plan à votre retraite en les classant selon les besoins qu'ils pourraient combler, ce qui vous permettra d'avoir une vue d'ensemble pour mieux équilibrer vos choix.

| Loisirs, passe-temps ou occupations envisagés | Besoins potentiellement ciblés par ce type de loisir | | | | |
|---|---|---|---|---|---|
| | Affectifs et sociaux | Artistiques et culturels | Intellectuels | Physiques | Spirituels |
| Lecture | | X | X | | X |
| Cuisine | X | X | | | |
| Voyage | X | X | X | X | X |
| Cours de mise en forme | X | | | X | |
| Golf | X | | | X | X |
| Écriture | | X | X | | |
| Jardinage | | | | X | |
| Balade en forêt | | | | X | X |
| Repas entre amis | X | | X | | |

Avant de sélectionner un loisir, évaluez la place que vous souhaitez lui donner dans votre emploi du temps. Par exemple, si pour faire de l'exercice physique vous voulez prendre part à une ligue de hockey dont les parties se joueraient à une heure de votre lieu de résidence, il faudra vous demander si le temps requis pour votre déplacement vaudrait la peine, étant donné que vous ne seriez sur la glace que pendant environ une heure. Peut-être que la réponse sera oui, si la bière que vous prendrez après la partie avec les membres de votre équipe ajoute une portion sociale à votre activité physique. Il n'y a que vous qui pouvez répondre à cette question !

Visez également des défis satisfaisants. Ainsi, s'il est probable que jouer dans une ligue de soccer avec des jeunes finisse par vous déplaire parce que votre performance est toujours en deçà de la leur, il est possible que le plaisir de côtoyer ces jeunes compense vos piètres performances.

## REPRENDRE LE CHEMIN DES BANCS D'ÉCOLE

Retourner aux études est un projet qui sourit à bon nombre de personnes retraitées. Outre l'éducation formelle, qui permet d'envisager une nouvelle orientation ou une nouvelle carrière, il y a l'éducation populaire, qui concerne davantage le développement personnel et peut aussi faire office de loisir, comme l'université du troisième âge. Elle permet notamment de faire du rattrapage au plan technologique, de se tenir à la page ou d'explorer de nouveaux champs d'intérêt (ex. : l'histoire ou la politique). Bien qu'avoir accès à ce genre de formation soit un privilège, le besoin d'apprendre devrait se poursuivre tout au long de la vie. L'éducation ne s'arrête pas qu'à la formation de base ni à celle requise pour obtenir un emploi. Elle favorise le développement global des individus.

**BREF COUP D'ŒIL SUR LE RÉEL**

Georges, un de mes anciens patrons, a entrepris une formation professionnelle en ébénisterie au moment de prendre sa retraite. Ça lui a permis de réaliser de beaux meubles qu'il expose fièrement dans sa demeure et dans celle de ses trois enfants. Ma tante Denyse, quant à elle, s'est inscrite à des cours d'histoire à l'université du troisième âge. Elle prend plaisir à écouter les professeurs et fait part de ses découvertes lors de conversations avec ses proches. Ce ne sont que deux exemples parmi tant d'autres. Une panoplie de possibilités d'apprentissages s'offrent aux personnes retraitées.

Si vous désirez entreprendre des études dans le but d'embrasser une nouvelle carrière, votre détermination sera un atout important. Toutefois, si votre niveau de maturité peut toujours aider à mieux accomplir vos travaux, peut-être souffrirez-vous du manque d'entraînement lors de l'apprentissage ou aurez-vous du mal à vous sentir à votre place parmi un groupe d'élèves beaucoup plus jeunes. Soyez attentif à ce qui vous motive. Il serait peu judicieux de vous engager dans un tel projet si vous ne le faites que pour éviter de sentir le vide lié à votre cessation d'emploi. Les fuites en avant finissent toujours par nous rattraper.

Dressez la liste des projets d'études qui pourraient vous animer ou des cours qui vous intéresseraient, puis portez attention aux raisons qui motivent vos préférences. De cette façon, vous pourrez faire des choix plus éclairés.

## LE RETOUR AU TRAVAIL

En lisant le titre de cette section, il serait légitime de vous demander : *Si je prends ma retraite, c'est pour arrêter de travailler, non ? Alors, pourquoi me parler de recommencer ?* La question du travail est abordée parce que la retraite est aujourd'hui considérée comme une longue transition plutôt qu'un événement ponctuel. Il existe de plus en plus un caractère de continuité entre le travail et la retraite active.

Pour les personnes dont la carrière ne s'arrête pas définitivement au début de la retraite, il existe moult raisons de retourner au travail. L'optique sera différente si la personne désire s'engager sur la voie d'une passion, transmettre ses compétences, vivre des contacts sociaux stimulants, accroître son espérance de vie, se maintenir en bonne santé plus longtemps ou simplement occuper son temps...

Parfois, cette décision est motivée par des raisons financières. Certaines personnes deviennent esclaves de leur portefeuille en tombant dans le piège de la surconsommation, que la société encourage trop souvent. Elles retournent au travail notamment pour conserver leur train de vie.

Il y a également les personnes retraitées à faible revenu qui doivent, quant à elles, occuper un emploi pour boucler leurs fins de mois. En n'assurant pas l'essentiel à tous ses membres, la société fait en sorte que bon nombre de personnes n'ont pas le loisir de prendre leur retraite au moment de leur choix et doivent continuer de travailler pour subvenir à leurs besoins. C'est une réalité qui concernerait environ la moitié des personnes âgées[14].

Il y a également celles qui désirent avoir un emploi, tout simplement. Un désenchantement se fait sentir après deux ans de retraite-loisirs chez certaines personnes. Elles éprouvent alors le besoin de retourner travailler. La structure établie par un emploi au quotidien contribue sans doute en partie à cette décision.

Et puis, il a des individus dépendants de leur travail ou passionnés par lui qui ne se voient tout simplement pas arrêter.

Qu'en est-il de votre situation ? Il faudra vous poser à peu près les mêmes questions que celles qui vous ont amené à prendre votre retraite. Peut-être aurez-vous

---

14. Enquête sur la population active, dans Hazel, Myriam (2018). *Raisons de travailler chez les 60 ans et plus.* Récupéré le 4 septembre 2019 de www150.statcan.gc.ca/n1/pub/71-222-x/71-222-x2018003-fra.htm.

besoin de vous sentir en continuité avec votre vie au travail. La stabilité pourrait faciliter votre adaptation puisque la poursuite d'activités qu'on maîtrise contribue au maintien de l'estime personnelle. Aussi, plus on aime l'emploi qu'on occupe, moins on a l'impression de travailler.

Votre retraite pourrait devenir un tremplin vers une nouvelle occupation qui s'inspire d'une tâche connexe que vous exécutiez à l'emploi occupé jadis, ou au contraire, votre retraite pourrait vous permettre un changement de cap par l'exploration d'un tout autre domaine ou simplement d'un nouvel employeur. Ayez à l'esprit que vous n'êtes pas dans l'obligation de tendre vers une activité professionnelle comparable à celle que vous occupez à l'heure actuelle. Rien ne vous oblige à suivre un parcours linéaire entre votre vie sur le marché du travail et celle qui suivra.

Ne fermez aucune porte. Un travail qui exigera moins de responsabilités (ex. : en restauration rapide, en magasin à grande surface, en quincaillerie) ou qui vous permettra de rendre à la société une partie de ce que vous avez reçu (ex. : soutenir des élèves lors des devoirs et des leçons, conduire un autobus scolaire, occuper un poste à la mairie) pourrait correspondre à vos besoins.

Lorsque le travail n'a plus pour objet de rapporter du pain sur votre table ni d'être votre occupation centrale, plus essentiellement du moins, il risque de prendre un nouveau sens. Votre attitude à l'égard de l'emploi sera inévitablement différente et les enjeux de performance ne seront plus au premier plan. Il est probable que vous visiez alors davantage le réinvestissement de vos ressources personnelles (ex.: vos compétences, votre créativité et vos capacités d'auto-organisation).

> *«Avant je travaillais pour mon pain et mon beurre, maintenant je travaille pour mon vin et mon fromage.»* – Mon amie Monique Tremblay

Le contexte social et économique favorise la présence de personnes âgées dans plusieurs catégories d'emploi. La société n'a plus le loisir de se priver de la richesse du capital humain que représentent les personnes retraitées.

En dépit de cela, il subsiste encore des idées préconçues face au personnel constitué d'aînés. Des entreprises ont conservé certaines pratiques détournées d'évictions alors que d'autres exercent de la discrimination à l'endroit de ce groupe, le croyant moins productif. Ces entreprises négligent le fait que, si les jeunes maîtrisent très bien les technologies, les travailleurs âgés présentent quant à eux une meilleure expérience et font souvent preuve de plus d'empathie[15].

---

15. Lamontagne, Yves (2014). *Une retraite épanouie: trucs et conseils pour s'y préparer*, Montréal, Québec Amérique, p. 100.

Évidemment, être disponible au travail ne fait pas automatiquement de vous la personne à sélectionner en priorité. Si vous envisagez de solliciter un emploi, il faudra penser à exposer les raisons qui feront de vous quelqu'un d'employable. Une préparation préalable à l'entretien d'embauche pourrait vous être bénéfique étant donné que vous n'aurez peut-être pas vécu ce type de rencontres depuis plusieurs années.

Outre votre curriculum vitæ à mettre à jour, il sera bon de faire le point sur vos forces en lien avec l'emploi convoité, de sortir vos arguments pour vous vendre et de ne pas hésiter à faire valoir vos qualités et vos compétences.

Plutôt que de tenter de camoufler votre âge, il sera judicieux de le mettre au premier plan. L'expérience et la maturité feront certes partie de vos atouts. Vous aurez accumulé un beau bagage. Plusieurs de vos compétences pourront être utilisées dans divers contextes. Soyez tout de même réaliste quant à l'énergie dont vous disposerez. Vous devrez mériter votre salaire et il vous appartiendra de vous tenir à la page pour effectuer vos tâches selon les bonnes pratiques. Aussi, il faudra laisser entendre à la personne responsable de l'embauche que vous n'êtes pas là à titre de touriste et que vous avez l'intention de travailler plus longtemps que quelques mois.

Si vous n'envisagez pas de retour au travail, il se pourrait qu'un chasseur de têtes vous interpelle quand même. Prenez le temps d'analyser l'offre qui vous sera faite. Évitez de répondre sur le coup de la surprise.

Pour les individus qui ne se voient pas occuper un emploi à temps plein, il existe diverses autres modalités. Vous pourriez négocier un horaire souple qui conviendra à votre niveau d'énergie ; un contrat à durée déterminée pouvant s'arrimer avec vos projets de voyages par exemple, une prestation en télétravail qui vous évitera les ennuis de la circulation, ou simplement un travail à temps partiel. Certains employeurs sont réfractaires à cette dernière modalité, étant donné que deux employés pour une fonction exigent plus de gestion qu'une seule. Ce sera à vous de faire valoir la pertinence de votre demande.

Avant de prendre une décision, vous aurez avantage à calculer l'effet de ce retour au travail sur vos revenus. La fiscalité demeure souvent insuffisamment ajustée à la réalité des personnes retraitées qui veulent travailler à temps partiel. Prenez en compte que, passé un certain seuil, votre revenu sera calculé selon un nouveau barème d'imposition. Évitez les mauvaises surprises !

Au vu des informations que vous venez de lire, votre vision est-elle plus claire ? Posez-vous ces questions :

- Où en êtes-vous dans votre réflexion concernant un retour au travail ou la reprise d'une activité professionnelle ?
- Quel type d'emploi vous intéresserait ? Qu'est-ce qui pourrait vous motiver ou vous passionner ? Quels besoins (ex. : affectifs, sociaux, artistiques) comptez-vous combler ?
- Qu'aurez-vous à offrir à un nouvel employeur (ex. : vos compétences, votre disponibilité, votre état de santé) au moment de prendre votre retraite ?

- Quelles que soient vos motivations, si vous décidez d'opter pour cette avenue, faites-le pour les bonnes raisons ! La recherche effrénée de reconnaissance n'en est pas une. Laissez-vous guider par votre petite voix intérieure.

Enfin, rappelez-vous qu'un retour au travail vous mènera éventuellement vers un second départ à la retraite, qu'il vous faudra aussi préparer.

## DONNER AU SUIVANT

Un jour ou l'autre, la question d'un éventuel engagement bénévole se posera probablement. Si vous ne l'initiez pas, il est possible que quelqu'un fasse appel à vous ou que la situation d'un de vos proches le requière. Vous aurez alors avantage à être au clair sur votre position.

Au moment de la retraite, plusieurs personnes ressentent le besoin de donner au suivant, de s'investir dans une cause. Les principales raisons invoquées pour devenir bénévole sont relatives à la cause et à l'engagement social (ex. : prendre part à un changement positif dans la société ou faire œuvre utile) ; à des raisons personnelles (ex. : avoir du plaisir, améliorer ses habiletés sociales ou donner un sens à sa vie) ou à des raisons professionnelles (ex. : ajouter de nouvelles expériences à son curriculum vitæ ou étendre son réseau professionnel). Le bénévolat permet de prendre conscience des problèmes des autres et de mettre les siens en perspective. Il peut aussi servir à combattre le sentiment d'inutilité et à éviter qu'on se sente invisible socialement.

**BREF COUP D'ŒIL SUR LE RÉEL**

Un retraité allait chaque jour s'asseoir dans l'agora d'un cégep. Devant lui, il plaçait un pot portant l'inscription « Venez parler avec un vieux pour 25 cents... » Bien des jeunes venaient lui poser des questions. En instaurant son propre projet, il se rendait utile et comblait sans doute ses besoins relationnels de même que celui de donner au suivant.

Le bénévolat rapporte quelque chose à la personne qui offre de son temps. Si vous choisissez de vous y engager, prenez conscience du salaire psychologique que vous recevrez. Cette contrepartie, sans être financière, a une valeur plus ou moins consciente qui diffère d'une personne à l'autre. L'analyse de vos valeurs vous aidera à prendre position à cet égard. Certaines des questions que vous vous êtes posées au sujet d'un éventuel retour au travail pourraient s'appliquer ici aussi :

- Si vous envisagez le bénévolat, qu'est-ce qui vous motiverait à offrir de votre temps ? Quel besoin souhaiteriez-vous combler ?
- Qu'auriez-vous à offrir ? Votre énergie serait-elle suffisante pour l'emploi convoité ?
- De combien de temps disposeriez-vous ? Aimeriez-vous offrir quelques heures par semaine,

quelques plages sporadiques ou simplement de la disponibilité pour des événements ponctuels ?

- Y a-t-il une cause où vous envisageriez d'offrir de votre temps (ex. : l'environnement, la pauvreté, la condition féminine, la solitude chez les gens âgés) ? Un milieu où vous souhaiteriez œuvrer (ex. : auprès de votre famille, de votre communauté, sur la scène politique, à l'international[16]) ?

Peu importe la décision que vous prendrez, pensez à garder des moments pour vous et évitez de chercher à sauver le monde. Les cimetières sont pleins de gens indispensables. Et surtout, gardez en tête que votre implication bénévole devrait être à votre image. Mettez-y vos couleurs !

## VOTRE PLAT DE BONBONS

La multitude des possibilités d'activités ou de projets à la retraite pourrait vous donner le tournis... Je vous propose un tableau qui pourrait vous aider à regrouper celles auxquelles vous aurez réfléchi. À titre d'exemple, je l'ai rempli d'éléments tirés de ma propre situation. Reproduisez ce tableau et inscrivez-y les possibilités que vous avez choisies dans les passages précédents. Vous pouvez mettre certains projets en priorité ou faire

16. Des organismes proposent de l'hébergement moyennant du travail bénévole outre-mer, ce qui permet d'offrir du temps pour aider des communautés dans le besoin tout en voyageant à moindre coût.

ressortir une caractéristique qui vous importe. Avoir le plat de bonbons devant vos yeux vous aidera à y voir plus clair et à mieux choisir.

Évidemment, vous devrez faire vos premiers pas dans le monde de la retraite avant de statuer réellement sur le choix de vos occupations, puisque vos envies risquent de se modifier à la lumière de votre nouvelle réalité. Mais il n'est pas nécessaire d'attendre la retraite pour savourer certains bonbons. Vous pouvez commencer à le faire dès maintenant! Cela pourrait valider la pertinence de certaines de vos occupations à venir. Le temps étant un bon test de réalité, vous verrez si vous avez un goût agréable en bouche, et l'envie de les refaire!

LÉGENDE

☆ Plaisir ++
■ Prioritaire

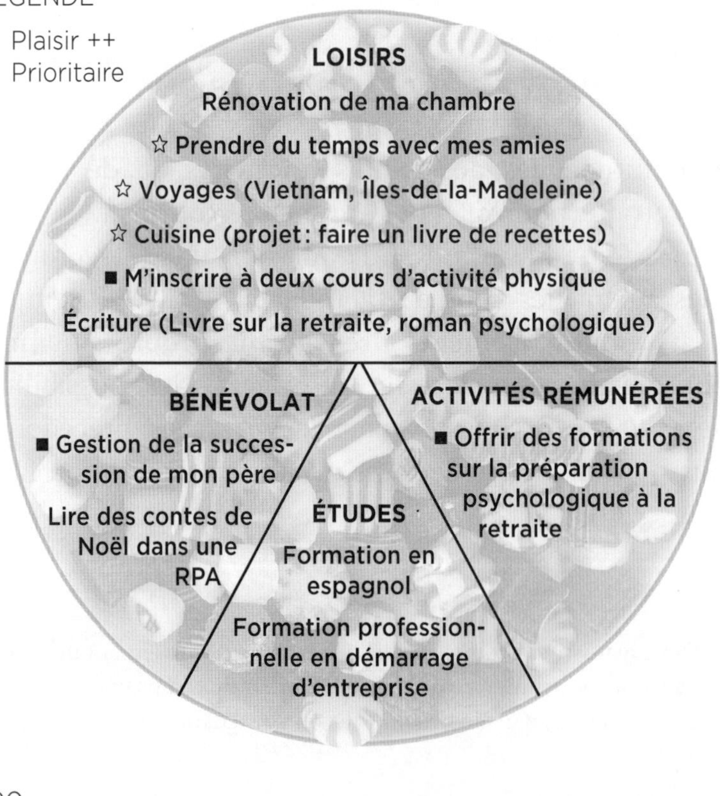

## La retraite, un pas de danse vers le départ ?

Se préparer à la retraite ne se limite pas à prévoir la façon dont vous voulez la vivre. Il faut également s'attarder aux actions que vous aurez à poser et aux différentes étapes que vous aurez à vivre pour quitter votre emploi. Comme vous le verrez dans ce qui suit, chacun de ces pas de danse vous fera vivre des émotions. Les voir venir vous aidera à mieux suivre la cadence et à engager le mouvement avec plus d'aisance.

### PREMIERS PAS : ANNONCER VOTRE DÉPART

Une fois que votre décision de partir sera prise, il faudra l'annoncer. Dès que vous serez capable d'assumer votre choix, informez-en vos proches. Par la suite, et sans délai, prévenez votre gestionnaire. Voyez quelles sont les modalités administratives propres à votre entreprise. À moins de circonstances particulières, vous devrez accorder un préavis à votre employeur. C'est une question de respect. Assurez-vous du nombre minimal de semaines qui lui sera nécessaire pour sélectionner la personne qui vous succédera. Si vous occupez un poste stratégique, ce délai risque d'être un peu plus long.

Pour les personnes qui bénéficient d'un fonds de pension, un délai administratif d'environ quatre mois est habituellement nécessaire afin d'obtenir des précisions sur le montant estimé de votre rente, et ce, après la remise de votre démission. En vous y prenant tôt, vous éviterez d'en faire les frais.

Votre annonce suscitera certainement diverses réactions. La première sera la vôtre. Il vous sera bénéfique de verbaliser ce que vous ressentez, sinon de l'écrire. Cela vous aidera à assumer votre décision. Vous devrez aussi faire face aux réactions de votre entourage et de vos collègues. Il est possible que leurs témoignages vous étonnent. Certaines personnes manifesteront de la peine, d'autres souligneront la chance que vous avez, d'autres encore s'inquiéteront de savoir qui vous succédera.

Ne vous surprenez pas s'il y en a qui s'amusent à faire le décompte des mois et des jours avant votre départ. Il s'agit d'une réaction, certes maladroite, mais le plus souvent empreinte de bonnes intentions. Si votre système perceptuel tend vers l'optimisme, cela vous aidera à vivre une traversée plus agréable.

## NE PAS PARTIR COMME UN VOLEUR : PRÉPARER VOTRE DÉPART

À partir du moment où votre annonce sera faite, vous commencerez à vivre les dernières fois : la dernière rencontre, le dernier lundi, la dernière paye, etc. Pour les plus nostalgiques, ce sera chaque fois un pas de plus vers la sortie qui représentera un petit deuil. Vous ressentirez diverses émotions. Vous devrez être à l'écoute. Il est normal d'éprouver de la tristesse et de la manifester. Si vous êtes de nature plus enjouée, a contrario, il ne sera pas nécessaire de cacher votre plaisir, même votre soulagement d'accéder à la retraite. Il vous sera plus bénéfique d'accepter ce qui vous habite sans jugement, sans chercher à faire taire votre vécu.

Selon l'emploi occupé, votre préparation risque de différer. Pensez au legs que vous voudriez laisser après votre passage. L'image que les gens pourraient garder de vous sera forgée non seulement par vos réalisations, mais surtout par la personne que vous aurez été, et ce, jusqu'à la toute fin. Alors, agissez selon les règles de l'art.

Peut-être aurez-vous besoin de vous impliquer dans la formation de votre relève. Soit vous entraînerez la personne qui vous succédera, soit vous lui transmettrez des dossiers, soit vous lui laisserez un procédurier. Peut-être n'aurez-vous qu'à vous acquitter convenablement de vos tâches au quotidien. Tant mieux pour vous, ce seront des soucis en moins ! Il s'agira alors simplement de laisser l'endroit propre et à l'ordre à votre départ.

Pendant ce temps, votre employeur s'attendra de votre part à une prestation aussi efficace qu'avant votre décision de partir. Continuer de vous acquitter convenablement de vos tâches tout en vous préparant à tirer votre révérence vous aidera à mieux vivre les derniers moments au travail. Après tout, vous recevrez encore un salaire !

Il vous faudra essayer de boucler les boucles afin de partir avec le sentiment du devoir accompli. Toutefois, puisque vous descendrez d'un train qui est encore en marche, il serait irréaliste de penser accomplir toutes vos tâches avant de partir. Les demandes et les dossiers ne feront pas relâche pour vous permettre de terminer votre mandat. Les autres devront sûrement prendre le relais.

Il se peut que vous ayez à vous préparer à vivre avec la présence réelle ou anticipée de la personne qui vous succédera. Si des gens se réjouissent de son arrivée, cela ne vous enlèvera rien. Vous devrez adopter une attitude positive : évitez de croire que vous êtes irremplaçable, et ne cherchez pas à faire ombrage à votre relève pour préserver votre ego.

Vous devrez également éviter d'ennuyer les gens en leur parlant continuellement de votre départ imminent ou en vous plaignant de vos tâches jusqu'à la fin. Vos collègues de travail mériteront mieux que cela. Ces personnes ont souvent contribué à enrichir votre sentiment d'efficacité personnelle, ont ouvert vos horizons en vous faisant part de leur point de vue, en vous obligeant à faire des compromis ou en mettant gentiment vos travers en lumière. D'autres encore vous ont offert un soutien plus personnel et ont écouté vos doléances sans se plaindre. Rendez-leur la pareille en ne devenant pas une présence négative.

D'autant plus que la préparation du grand départ ne sera pas une période de réjouissances pour tout le monde. Des personnes avec lesquelles vous vous entendez moins, des conflits ouverts ou un climat de travail malsain : ce sont des raisons qui pourraient complexifier les derniers moments à votre emploi. Il se peut même que ce soit une de ces raisons qui vous aura donné envie de prendre votre retraite. Si tel est le cas, il sera judicieux de voir comment régler ce qui vous affecte le plus avant de partir. Ayez en tête qu'il sera peu avisé de le faire une fois que vous aurez mis la main sur la poignée de porte. S'il vous est impossible de faire la paix avant de partir, il vaudra mieux éviter de laisser l'amertume gâcher votre existence ou celle de vos proches... Peu importe votre situation, demeurer digne est toujours la meilleure option. Au besoin, vous pourrez tourner la page et faire preuve de bienveillance envers vous-même ainsi qu'envers vos collègues sans pour autant partir la tête basse ; cela facilitera la suite des choses.

## L'HEURE EST À LA FÊTE : CÉLÉBRER VOTRE DÉPART

Dans chaque milieu de travail, un rituel entoure habituellement les départs à la retraite. Ce phénomène est si ancré qu'il a même fait l'objet d'étude par des ethnologues. Selon leur analyse, ce type de fête renforce le sentiment d'appartenance à l'organisation tout en étant une marque de reconnaissance envers la personne qui s'apprête à quitter son emploi[17]. C'est un rite de passage qui aide à accepter une transition en donnant un sens au passé et en invitant à mieux entrevoir l'avenir. Il ne faut donc pas s'en priver !

Les festivités prennent différentes formes. De façon générale, au Québec, on y présente un bien cuit, discours mettant en lumière les moments de la carrière de la personne qui s'en va, et qui inclut quelques notes humoristiques et d'autres plus touchantes. Le tout vise à l'ébranler émotivement et à lui offrir un retour réflexif sur sa carrière.

La fête donnée en votre honneur jouera en quelque sorte un rôle d'épilogue à votre histoire au travail et constituera une excellente occasion d'accueillir des hommages de vive voix. Il est inutile d'attendre vos funérailles pour recevoir de telles manifestations de reconnaissance d'autant plus que lorsque ce moment arrivera, vous ne serez même pas là pour en profiter !

Ainsi, attendez-vous à ce que vos collègues ou votre employeur aient envie de souligner votre départ, de vous

---

17. Arseneault, Catherine (2009). « Autour des départs à la retraite : le *bien cuit* comme rite de passage », *Ethnologies*, vol. 31, nº 1, p. 21-47. https://doi.org/10.7202/038499ar.

rendre hommage, de vous remercier et peut-être même de vous taquiner. Ce rituel leur permettra de faire leur propre deuil de votre relation.

La façon de souligner les départs témoigne habituellement des traditions de l'organisation. Si vous n'êtes pas à l'aise avec la forme proposée, vous pourrez suggérer une alternative qui vous conviendra mieux. Une pause sur l'heure du midi ou en journée au lieu d'une soirée, par exemple. Il ne faudra tout de même pas faire preuve de fausse modestie. Rien ne vous empêchera de manifester vos souhaits. En parler à une personne de confiance qui assurera la transmission de votre message de façon adéquate évitera certains malentendus.

À la rigueur, vous pourriez organiser une réception privée en complément à la cérémonie prévue par votre employeur et vos collègues : une fête à votre image qui rassemblerait des gens qui vous sont chers, incluant ceux extérieurs à votre milieu de travail, ou toute autre forme qui pourrait vous plaire. Un ancien collègue, Steve, avait choisi de faire son propre éloge. Une façon originale de se faire plaisir, et ce, avec humour. On ne l'oubliera pas, c'est certain !

Les marques d'appréciation risquent de vous mettre en contact avec votre vulnérabilité. Je vous invite à avoir l'humilité d'accepter cette fragilité. Votre expérience sera d'autant plus agréable si vous savourez le moment. Après tout, ce sera mérité ! Peut-être craindrez-vous que certains messages soient empreints d'hypocrisie. Dans ce cas, il vous suffira de vous concentrer sur le positif ! Ce sera l'occasion de vous défaire de vos appréhensions.

Si aucune fête n'est organisée, il ne faudra pas en prendre ombrage. Certains contextes, n'ayant aucun rapport avec vous, pourraient jouer sur cette décision. Une grève, un conflit entre les membres du personnel, l'absence de relève pour le comité social ou même une pandémie sont autant de situations qui freinent les festivités.

## TIRER VOTRE RÉVÉRENCE : VOTRE DÉPART

Quand sera venu le moment de tirer votre révérence à vos collègues, vous risquez de vivre une panoplie d'émotions. Gardez en tête de leur laisser libre cours. Pleurer ne nuira pas à votre image. Si possible, un jour ou deux avant votre départ, je vous invite à vider votre bureau, votre local ou votre casier de vos effets personnels. Cela allégera votre charge émotive le moment venu.

Attendez-vous à ce que cette journée-là, certaines personnes veuillent vous saluer plus personnellement. On passe souvent davantage de temps avec nos collègues de travail qu'avec nos proches, et les défis partagés au sein d'une entreprise créent des liens. Il est possible qu'à votre tour vous ayez le goût de prendre l'initiative de saluer quelques collègues et de les remercier. Chaque personne a sa propre façon de dire au revoir. Il vous faudra respecter la vôtre ! J'ai souvenir de

Lorraine, une amie et collègue, qui nous avait offert des boutures d'une de ses plantes. Cette gentille attention lui a permis de laisser une trace personnalisée de son passage au travail.

Au contraire, certaines personnes ne viendront peut-être pas vous voir. Il vaudra mieux que vous évitiez d'interpréter négativement leur silence. Elles auront peut-être simplement du mal à accepter votre départ. Rien ne vous empêchera d'aller vers elles. Dans le cas où vous auriez moins d'affinités avec quelques collègues, vous pourrez vous dire qu'il est normal de ne pas développer des liens d'amitié avec tout le monde. Une attitude positive vous permettra d'éviter les règlements de compte de dernière minute.

Le jour du départ, des promesses sans lendemain seront faites: *Il faut absolument aller dîner! J'espère que tu passeras nous voir au bureau. N'oublie pas de m'appeler, je veux qu'on reste en contact.* Dans les faits, les personnes que vous risquez le plus de revoir sont celles que vous côtoyez déjà à l'extérieur du travail. Pour les autres, c'est moins certain, sauf lors de rencontres fortuites. Cela s'explique par le fait que les liens créés uniquement en fonction du travail s'amenuisent lorsqu'on ne partage plus la même réalité. Les conversations se tarissent rapidement et, bien souvent, on se rend compte qu'on n'a rien d'autre en commun que l'emploi. Il faut savoir accepter que certaines personnes sont seulement de passage dans notre vie.

## LA LUNE DE MIEL : LE DÉBUT DE VOTRE RETRAITE

Quand les portes du bureau, de l'usine ou de la boutique seront closes, une page de votre vie se tournera.

Plusieurs personnes déclareront alors qu'elles sont *tombées* à la retraite. Comme ce mot réfère à un accident, à une maladresse ou à un manque de contrôle, je vous invite plutôt à dire que vous *prenez* votre retraite. De fait, *prendre* réfère à un acte volontaire, à une action dont vous êtes maître. Cela vous amènera à adopter une attitude où vous vous sentirez davantage en contrôle de votre destinée.

Les premiers jours, les premières semaines de votre retraite, vous ressentirez des émotions confuses. C'est normal. Le changement amène toujours une forme de déséquilibre. Il faudra les accueillir sans chercher à les nier ou à les contrôler. Elles feront partie de vous, de votre expérience. En les laissant se déposer, vous pourrez prendre du recul et avoir un meilleur regard sur votre vécu.

La plupart des gens ressentiront une impression d'euphorie face à cette liberté nouvellement acquise ; une espèce de joie naïve, une urgence de vivre selon leurs choix et leurs désirs. Vous vivrez au rythme des vacances. Peut-être aurez-vous envie de chanter *Hakuna matata*[18]

---

18. Sans souci en swahili.

comme dans *Le roi lion*. Ce sera pour vous l'occasion de retrouver le plaisir de savourer les petits bonheurs de la vie. Le temps consacré à votre travail a peut-être obligé la mise en veilleuse de bon nombre de vos projets. Il vous tardera de les actualiser, et de commencer à savourer quelques bonbons.

À cette étape, certaines personnes parlent tout de même d'une certaine morosité liée à la retraite. On l'observe surtout chez celles qui ont idéalisé ce moment. Vous risquez de vivre du désenchantement si vous envisagez d'être en vacances éternelles et ne pensez pas qu'après quelques semaines, vous vous ennuierez et que la routine s'installera à nouveau. Il n'est pas négatif de ressentir une certaine nostalgie. Chaque personne a sa propre façon de réagir à une étape qui se termine. C'est un deuil qui implique de pratiquer le détachement.

Le sentiment de culpabilité risque également de vous habiter au début de la retraite, surtout si votre partenaire de vie est encore au travail. Comment justifier de rester au lit alors que l'être aimé se lève pour aller au boulot? Comment trouver acceptable de passer la journée en pyjama ou de lire tout l'avant-midi sans ressentir le besoin de le légitimer? Le désir de justifier votre emploi du temps demeurera présent pendant un bon moment, surtout si vous n'avez pas de projet prédéterminé. Le plus difficile sera de vous accorder la permission d'avoir le contrôle de votre agenda. Quant à l'entourage, vous réaliserez qu'il est souvent plus tolérant que vous ne le croyez. Ainsi, vos proches risqueront de se moquer de vous en vous invitant à cesser de vous justifier pour profiter de votre chance; s'ils le font, vous devrez les prendre au sérieux!

### BREF COUP D'ŒIL SUR LE RÉEL

Pour ma part, je me sentais coupable de ne pas être au travail. Je ressentais le besoin de motiver ma présence dans un centre commercial un mardi après-midi, un peu comme si j'étais prise en faute. J'avais l'impression de faire l'école buissonnière, le sentiment de ne pas mériter ce qui m'arrivait de bon. C'est sans doute l'héritage de mon éducation judéo-chrétienne qui faisait son œuvre. Rassurez-vous! Cela passe et le plaisir succède assez rapidement au sentiment de culpabilité.

Il se peut aussi que ce soit les autres qui cherchent à vous faire sentir coupable et éprouvent de la jalousie en lien avec votre jeune âge. Certaines personnes pourraient manifester de l'envie parce que vous disposez d'un fonds de pension et qu'elles n'en ont pas. Encore là, vous n'aurez rien à justifier. Même si la retraite est un cadeau, un privilège qui n'existe pas dans toutes les sociétés, vous n'aurez rien volé. Ces personnes ignoreront peut-être que si vous recevez une rente de retraite, c'est parce que vous y avez contribué en versant régulièrement une partie de vos revenus. Si votre employeur y a contribué, c'est sans doute en raison du fait que cela faisait partie de vos conditions de travail. Vous n'êtes en rien responsable des inégalités sociales si ce n'est par vos choix politiques. Dans une société vraiment juste, l'éboueur gagnerait plus que le joueur de hockey, les mères au foyer recevraient un salaire, les pauvres n'auraient pas à avoir recours aux banques alimentaires pour manger et les personnes jolies ne disposeraient pas d'un biais favorable en entrevue d'emploi. Il en est de même pour la retraite, tout le monde devrait avoir droit à un revenu décent à la fin de la vie active au travail. Savourez votre chance.

Dans les premiers temps de votre retraite, la fatigue pourrait aussi se faire sentir. Après tout, ce changement de vie est bouleversant ! Et le déficit de sommeil est l'apanage de bon nombre de personnes qui sont sur le marché du travail. Des philosophes ont soulevé qu'historiquement, le sommeil avait été relégué à une activité inférieure au profit du travail, puisque aucune valeur marchande n'y était associée. Heureusement, la société a changé, du moins en partie... Gardez en tête qu'à la retraite, il vous faudra vous donner le droit de vous reposer, de dormir plus longtemps ou de faire des siestes ! Ça vous aidera à retrouver votre énergie. Il vous sera également bénéfique de respecter les besoins manifestés par votre corps, de viser votre bien-être. Aucune performance ne sera attendue de votre part.

Il est tout de même important de distinguer les siestes de l'hypersomnie (l'envie exagérée de dormir). Plutôt que de servir de réparation corporelle, de trop longues nuits de sommeil pourraient s'avérer symptomatiques d'une possible dépression ou être signe d'une recherche d'évasion psychologique. Ces hypothèses ne devraient toutefois pas vous inviter à l'autodiagnostic. Au besoin, il vaudra mieux consulter.

Si un horaire, un agenda ou une sonnerie gérait vos journées, vous aurez besoin d'établir de nouveaux repères. Vous serez libre d'organiser votre vie à votre guise. Créer de nouvelles routines requiert du temps. Il est possible que vous manifestiez des comportements hyperactifs et que vous ressentiez l'obligation de remplir le vide laissé par les heures auparavant consacrées à votre travail. Après tout, ce ne sera pas encore dans vos habitudes de disposer de tant de temps.

Vous serez encore habitué à vivre selon la programmation typique du travail. Se déprogrammer nécessite du temps et implique de se départir des horaires et des obligations imprégnées en soi depuis des années. Parfois cela requiert un reformatage, mais sachez que le *programme travail* est plutôt difficile à extraire du module humain. Cela ne se fera pas automatiquement.

C'est votre perspective qui influencera la façon dont se vivra la suite de votre parcours de vie ! Il n'y a pas de recette magique. Josée-Élisabeth, une amie et ancienne collègue de travail, disait en plaisantant : « Moi, depuis que je suis à la retraite, le lundi, je commence ma journée tranquillement puis, le mardi, je freine. » Outre l'humour, il y a dans ses propos une bonne part de sagesse.

Ainsi, vous devrez accepter de laisser s'égrener les minutes comme un long fleuve tranquille, et ce, même si cela crée un malaise. Vous pourrez accueillir l'ennui pour voir ce qu'il vous inspirera ! Ces moments seront à vivre non comme une fatalité, mais comme un choix qui vous mènera sur des chemins inexplorés. Cette pause vous permettra de réviser votre situation et de repartir sur de nouvelles bases, parce que vous aurez le droit de vous tromper et de rectifier le tir.

Ce sera l'occasion de reprendre contact avec vous-même en passant une journée en pyjama (j'ai bien dit *une*), en recevant un massage sans regarder votre montre, en marchant dans la nature. La présence à soi vous aidera à vous retrouver, à vous recentrer sur vous-même.

Peu à peu, vous adopterez peut-être de nouvelles routines et établirez le scénario de votre journée ou de votre semaine idéale. Il vous sera sûrement bénéfique de vous imposer une discipline minimale sans retomber dans un horaire typique du travail. Si vous tenez compte de votre niveau d'énergie et de vos priorités pour vous organiser, vous pourrez faire de meilleurs choix.

Si vous prenez votre retraite plus tôt que la moyenne des gens, préparez-vous à ne pas vivre au même rythme que votre entourage. Vos pairs ne disposeront pas de la même disponibilité que vous, ce qui risque de vous faire vivre plus de solitude que les autres personnes retraitées. Les loisirs, lorsqu'on les vit seul, deviennent parfois ennuyeux à la longue. Au-delà de l'activité, le fait de la partager avec quelqu'un qui vous est cher constitue pour plusieurs l'aspect qui apporte le plus de plaisir. Envisager de vous investir dans des projets qui donneront du sens à votre vie et habiteront votre quotidien aidera à éviter de sentir du désœuvrement.

Beaucoup de gens commencent effectivement leur retraite par un projet spécifique (ex.: un voyage ou encore des rénovations). Le fait de rompre de façon radicale avec la routine du travail en s'investissant dans une activité aide à apprivoiser cette nouvelle situation. Sinon, des projets de moindre ampleur pourront aussi y contribuer. Par exemple, faire simplement du ménage dans vos affaires ou partir quelques jours à la campagne.

A contrario, si vous prenez votre retraite beaucoup plus tard que la majorité des gens, vous vivrez possiblement d'autres désillusions. Il est possible que votre santé ne soit pas au rendez-vous et qu'elle limite certains projets, les voyages par exemple. Vous risquez aussi de vivre davantage de solitude, notamment si vos proches sont décédés. Ce sera à considérer au moment de planifier votre départ à la retraite.

### BREF COUP D'ŒIL SUR LE RÉEL

R.W., neurologue, me confiait qu'il réalisait, à près de 70 ans, qu'il n'avait pas pu prendre sa retraite plus tôt. Il aimait et aime toujours son travail, ce qui l'a poussé à envisager de le quitter plus tardivement. Maintenant qu'il est à la retraite, il n'a presque plus de partenaires sportifs, puisque plusieurs ont des problèmes de santé ou sont décédés. De son côté, son état physique l'empêche de faire certains sports, dont le ski, qu'il aimait bien. Pour lui, la retraite n'a rien de réjouissant et il semble regretter de ne pas avoir pu la prendre plus tôt. Dans ce contexte, il a continué son travail pendant plus d'une décennie.

Si vous n'aviez pas d'emblée de cercle social à l'extérieur du travail, vous risquez d'éprouver une impression de vide à la retraite. Il faudra alors vous donner la chance de vous ennuyer de vos collègues. À la longue, vous verrez ce que cette nostalgie vous inspirera. Vous pourrez vous demander si vous souhaitez garder des liens avec certaines personnes. Si tel est le cas, vous pourrez prendre les devants pour les contacter sans pour autant vous attendre à ce que tous répondent à votre invitation avec enthousiasme.

Plusieurs personnes à la retraite se demandent s'il est bon ou pas de retourner sur les lieux de leur ancien travail. Je suggère de laisser passer un peu de temps avant de le faire. Il vous sera bénéfique de couper d'abord le cordon pour prendre de la distance avec votre milieu. Après, cela dépendra. Si vous retournez trop rapidement ou trop fréquemment sur votre ancien lieu de travail, vos collègues se demanderont si vous avez une vie. Il sera bon de vous demander pourquoi vous tenez à y aller et ce que vous pensez y retrouver, et d'éviter d'avoir des attentes irréalistes.

Les gens qui auront fêté votre départ ne dérouleront pas le tapis rouge chaque fois que vous pointerez votre nez. Ils ne seront pas là pour faire du social. Vos anciens collègues auront des tâches à réaliser, des échéances à respecter ou des réunions auxquelles participer. Pour ne pas les déranger, il vous faudra choisir le moment de la pause et ne pas vous attarder. De toute façon, vous vous sentirez peut-être déjà dépassé… Les blagues d'initiés vous seront étrangères; les enjeux et le personnel auront changé. Il se peut même que vous constatiez des modifications qui ne vous plairont pas. Peut-être que la personne qui vous aura succédé ne marchera pas dans vos traces, qu'elle n'utilisera pas nécessairement vos outils, votre matériel ou vos idées. Il faudra accepter de tourner la page en vous disant que cela n'est pas dirigé contre vous et qu'il est légitime que chaque personne fasse à sa façon. Vous devrez éviter de jouer à la belle-mère[19] et avoir la générosité d'accepter que brille quelqu'un d'autre que vous !

## ET PUIS APRÈS : LA SUITE DE VOTRE RETRAITE

La première année à la retraite en est une de transition et d'exploration. Si on estime qu'il faut habituellement un an pour s'adapter à un nouvel emploi, je considère qu'il est nécessaire de s'accorder l'équivalent pour s'acclimater à la retraite et établir de nouveaux repères.

Pour la majorité des personnes, les premiers temps se vivent comme des vacances ou un congé sabbatique. Après un moment, habituellement les réjouissances se terminent. Quand cela vous arrivera, vous saurez alors

19. En politique québécoise, une belle-mère est un ancien élu qui émet des critiques envers le parti auquel il appartenait, sans avoir la légitimité de le faire.

que le temps est venu d'ajuster les projets que vous aviez anticipés à la lumière de votre situation réelle, surtout si les choses ne se passent pas comme vous l'aviez envisagé.

Pour essayer de saisir l'état dans lequel vous vous trouverez alors, je vous invite à faire un exercice. Fermez les yeux et imaginez que vous êtes à la fin du premier mois de votre retraite. Que faites-vous ? Comment vous sentez-vous ? Si ce que vous visualisez semble positif, comment allez-vous vous assurer de l'actualiser ? Si c'est négatif, comment pouvez-vous améliorer la suite des choses ? Que devez-vous faire pour vivre en harmonie avec vos valeurs ?

Imaginez maintenant que vous êtes à la fin de la première année de votre retraite. Que faites-vous ? Comment vous sentez-vous ? Vous plaît-il toujours de faire ce que vous faisiez au début de votre retraite ? Prenez le temps d'étudier le baromètre de vos émotions, surtout si elles sont en montagnes russes.

Ce bilan aura avantage à être réaliste sans être trop sévère. Vous n'avez rien à prouver. Si vous vous égarez, ressaisissez-vous et, au besoin, pardonnez-vous. La perfection n'existe pas !

Il sera bénéfique d'évaluer régulièrement votre situation après le début de votre retraite. Cela vous donnera du pouvoir sur ce qui arrive.

Les routines que vous mettrez en place devront vous convenir. Votre discipline de vie ne devrait en aucun cas la rendre monotone ni vous donner l'impression de vivre dans un carcan. Dans le même ordre d'idées, vos activités, si elles ne sont constituées que de passe-temps, pourraient vous lasser rapidement. Laisser le temps filer entre vos doigts ne devrait arriver que si vous le choisissez. Si vous songez à vous réorganiser, fixez-vous des priorités assorties d'échéances souples.

**BREF COUP D'ŒIL SUR LE RÉEL**

Un de mes trucs, c'est d'avoir une liste à cocher. Cela me permet de mettre l'accent sur ce qui m'importe et d'actualiser certaines actions qui, sans cela, demeureraient au stade des intentions. Par exemple, mettre une plage d'activité physique à mon agenda m'incite davantage à respecter ma priorité de prendre soin de ma santé. Je me connais assez pour savoir que si je laisse le hasard en décider, je ne bougerai pas. Selon votre personnalité, ça pourrait être autre chose. À vous de voir! Pour certaines personnes, le fait de ne pas planifier est une réelle bénédiction! Qu'en est-il pour vous?

Plus vous vous sentirez en cohérence avec votre moi profond, mieux vous vous porterez. Cela vaut aussi pour toute la période de votre vie qui précède la retraite!

## La retraite, je m'y adapte ou pas?

Les étapes du cheminement adaptatif à la retraite ont fait l'objet de nombreux écrits qui, de façon générale, stipulent qu'il faut vous attendre à vivre des transformations, notamment en ce qui concerne vos réseaux sociaux et familiaux et votre perception de vous-même.

En outre, une période de désorientation pouvant aller jusqu'à une tempête précède presque inévitablement le retour à l'équilibre. Mais tout ne se passe pas toujours comme dans les livres...

La période de vie entre quarante-cinq ans et le début de la soixantaine amène son lot de questions sur le sens de la vie et invite à faire des bilans. Pour bon nombre de personnes, cela arrive en concomitance avec la retraite et au moment où elles vivent des deuils multiples, notamment ceux liés aux occasions de reconnaissance et à leur statut. Étant donné que votre retraite risque de s'étendre sur plusieurs années, il est possible que vous viviez deux ou même trois périodes différentes de changements.

La préparation à la retraite épargne certaines difficultés, mais elle ne vous empêchera pas de ressentir moult émotions. Pour quelques personnes, la retraite signifiera l'émergence d'une crise qu'il serait préférable de considérer comme une occasion de faire le point sur leur vie. Demeurez à l'écoute de vos ressentis dès maintenant ! Toutes les émotions sont légitimes, qu'il s'agisse de peine, de déception, de colère ou de joie. Ayez confiance en vos capacités d'adaptation et, surtout, ne craignez pas l'arrivée de votre retraite. Enfin, sachez qu'en général cette période est moins inquiétante que la période de réflexion qui la précède.

## STRESS OU DÉTRESSE ?

Au travail, le stress constitue un des facteurs importants poussant les gens à partir[20]. À la retraite, ce stress

20. Fonseca, Raquel, Morin, Hugo, et Moro-Egido, Ana I. (2021). *Stress and Retirement*, Montréal. Center for Interuniversity Research and analysis in Organizations, 31 p.

poursuivrait son œuvre chez les personnes vivant des problèmes financiers et chez celles qui ressentent un vide lié à l'absence d'activités ou de reconnaissance.

La fonction première du stress est d'assurer la survie de l'espèce en produisant des hormones favorisant la fuite lorsque notre cerveau détecte une menace. Les réponses de stress, habituellement liées à nos perceptions et à notre interprétation des situations, seraient plus fréquentes chez les personnes ressentant un faible contrôle face à un événement, et ce, dans des contextes où elles font face à de l'imprévisibilité, à des situations nouvelles ou lorsque leur ego est menacé[21]. Ces situations risquent de se produire au moment de la retraite.

Lorsque le cerveau ne fait plus la différence entre les menaces véritables et celles qui ne le sont pas, le stress s'installe de façon plus permanente. Quand les réactions deviennent inadaptées, des hormones sont sécrétées en quantité excessive, ce qui peut occasionner des perturbations émotionnelles et ultimement avoir un effet physiologique sur l'organisme. À la longue, des conséquences négatives risquent même d'être constatées sur l'attention et la mémoire (il ne faut donc pas tout attribuer à l'âge). Le stress pourrait même entraîner des réactions d'anxiété ou de dépression.

---

21. Lupien, Sonia, Ph. D., neuropsychologue, directrice du Centre d'études sur le stress humain (2016). *Gestion, stress et employés*, conférence prononcée dans le cadre du colloque AQCS (Association québécoise des cadres scolaires), Québec, Centre de congrès Hilton.

Apprenez dès maintenant à reconnaître vos stresseurs et à déconstruire vos scénarios catastrophe. Votre capacité à les gérer favorisera une meilleure adaptation à la retraite.

Pour vous aider à y arriver, Sonia Lupien, psychologue et neuroscientifique, propose certaines avenues comme :

- avoir des solutions de rechange lors des situations potentiellement stressantes (un plan B, un plan C et même un plan D) ;
- prendre soin de votre état mental en rencontrant des proches ou en faisant du bénévolat ;
- vous isoler une heure par jour pour pratiquer des respirations ventrales, chanter, prier longuement, répéter des mantras de yoga ou écouter de la musique ;
- organiser des séances de chatouille et rire sans vous arrêter (ce qui court-circuiterait la réponse de stress) ;
- faire de l'exercice physique pour évacuer l'énergie mobilisée par le stress.

Même s'il est difficile de prévoir avec exactitude comment vous réagirez, essayez quand même d'y réfléchir. Cela pourrait vous préparer à y faire face le moment venu. Qu'est-ce que l'idée de la prise de votre retraite vous fait ressentir en ce qui a trait au stress ? Pensez-vous que vous devrez mettre des actions en place pour le réduire en temps et lieu ? Si oui, lesquelles ?

Pour les personnes qui ressentent de l'anxiété, il sera bénéfique de travailler sur vos pensées, de revoir vos perceptions, vos sentiments et vos comportements. De vous rapprocher des personnes qui vous font du bien également. Les humains, êtres grégaires, aiment s'entourer de leurs pairs. Le soutien social serait le facteur le plus important pour contrer nos appréhensions.

## DÉSORIENTATION OU DÉPRESSION ?

*« Quand le vent du changement se lève, certains construisent des murs, d'autres des cerfs-volants. »*
— Proverbe chinois

En soi, la retraite ne devrait pas avoir de répercussions sur votre santé mentale. Ce serait plutôt vos conditions de vie et les ressources dont vous disposez qui joueraient ce rôle. De fait, les personnes qui vivent leur retraite sans crise majeure présentent au préalable une bonne santé physique et mentale, des revenus suffisants ainsi qu'une attitude positive envers la vie et le vieillissement.

Il existerait trois groupes de facteurs prédictifs d'une bonne adaptation : les facteurs sociodémographiques (ex. : l'âge, le genre et la situation financière), les facteurs contextuels (ex. : la santé physique et la façon dont a été planifiée la retraite) et les facteurs sociorelationnels (ex. : le statut conjugal et le réseau social). Les personnes âgées possédant des ressources internes adéquates (ex. : la scolarité, l'actualisation du potentiel et l'autonomie psychologique) et externes (ex. : le réseau et le soutien social) seraient plus autonomes et satisfaites de leur vie.

Ainsi, une retraite involontaire en raison de problèmes de santé forcera davantage le recours à vos capacités d'adaptation. De la même façon, il sera différent de quitter votre travail après une mise à pied ou de le faire de façon anticipée pour fuir une situation difficile (ex. : un climat de travail malsain, une pandémie). À vous de voir comment suppléer à ce qui vous fera défaut, ce qui ne signifie pas que, s'il vous manque un préalable, votre retraite sera d'emblée problématique.

L'adaptation peut être décrite comme « [...] une série de réajustements au moyen desquels l'individu tente de maintenir l'équilibre. Des difficultés intérieures et extérieures s'entremêlent constamment, de sorte que la personne doit faire face à plusieurs problèmes à la fois[22]. » Les déséquilibres sont influencés par des facteurs causals, biologiques, environnementaux et psychodéveloppementaux. Différents cheminements et différentes façons de s'adapter permettent de retrouver l'équilibre.

Les composantes de l'adaptation se déclineraient en deux catégories. Celles liées à l'individu (ex. : l'hérédité,

---

22. Tremblay, Monique et Giroux, Isabelle (2019). *L'adaptation biopsychosociale : cadre d'analyse et outil d'intervention*, 3e édition, Thetford Mines, à compte d'auteurs, p. 2.

l'histoire personnelle et la marge de liberté) et celles liées à l'environnement physique[23]. Par exemple, il sera plus facile de vous adapter à votre retraite si vous avez des traits avenants favorisant les liens avec autrui et si vous avez la santé pour faire les activités désirées. Votre cheminement adaptatif s'appuiera sur votre bagage personnel (ex. : votre personnalité, votre état de santé physique et mentale, votre culture familiale, votre réalité financière et maritale). Par exemple, il sera plus facile de vous adapter à votre retraite si votre famille a toujours soutenu vos projets, nourrissant ainsi votre confiance en vos capacités, et si vous disposez de moyens financiers et matériels vous permettant de réaliser vos souhaits. Puisque la retraite coïncide habituellement avec une période où les occasions de pertes et de deuils s'accroissent, la vie vous aura déjà confronté à bon nombre d'épreuves mettant à profit vos capacités d'adaptation.

Le processus adaptatif part d'une situation où il y a une perte d'équilibre qui oblige quelqu'un à une remise en question et à une réorganisation. C'est le risque à prendre pour avancer, puisque accepter l'inadaptation reviendrait à faire du surplace. Chose certaine, cela prend du temps, mais à lui seul, le temps ne suffit pas. L'atteinte du nouvel équilibre implique souvent que la personne change. Ultimement, elle se retrouve bien souvent à un niveau supérieur à celui du départ, ce qui fait foi d'une évolution positive. Ce processus est sain et

23. *Ibid.*, p. 24.

il nous permet d'avancer malgré le fait que ce soit parfois exigeant sur le plan personnel.

La pratique, l'expérience permettent de réduire les risques de déséquilibre. Il vous faudra donc demeurer à l'écoute de vos affects et faire le point régulièrement. Vous devrez être à l'affût des indices qui pourraient suggérer que votre état se détériore. Ressentir des symptômes dépressifs à un moment ou à un autre sera normal. Vos proches, les personnes en qui vous avez confiance, pourront vous écouter, vous rassurer.

Vous aurez le droit de souffrir, mais le devoir de demander du réconfort et de l'aide professionnelle au besoin (je le répète souvent, je le sais, mais c'est essentiel !)

Apprenez dès maintenant à tolérer les zones grises et à accepter le fait que tout n'est pas ni ne sera jamais parfait... Une attitude résiliente vous aidera à traverser les embûches de la vie. Il vous sera salutaire de mettre à profit votre aptitude à résoudre les problèmes. Il faudra parfois remettre en question vos solutions habituelles.

On a souvent l'impression que face à un problème, une seule réponse est possible. On a le réflexe de persévérer à appliquer une solution inefficace. On persiste alors à l'actualiser en dépit du fait qu'elle ne produit pas les effets escomptés.

Je vous invite à réfléchir aux stratégies auxquelles vous avez eu recours au cours de votre vie pour faire face aux situations difficiles. Notez les plus efficaces. Essayez de dégager celles qui ont le mieux contribué à vos démarches adaptatives et qui pourraient s'avérer utiles au moment de votre retraite. Voyez comment éviter celles qui risquent de vous nuire. Les mises en garde de vos proches contribueront aussi à vous orienter vers des pistes intéressantes. Enfin, permettez-vous de sortir des sentiers battus, puisque c'est votre personne, votre façon d'être, de penser qui influencera votre manière de voir et de construire l'avenir. Il n'y a pas de démarche unique ou idéale pour se préparer à bien vivre la retraite. Chaque individu doit trouver la sienne.

L'humour pourrait devenir un allié dans votre démarche adaptative au quotidien. Rire, vous amuser et accepter les taquineries, tout cela vous aidera à grandir. Dans certaines circonstances, si le cœur n'y est pas, vous pourrez toujours vous forcer à sourire. L'agencement des muscles faciaux impliqués dans ce mouvement aurait un effet positif sur le bien-être. Il va de soi que cette façon d'agir ne peut être que temporaire et ne devrait en aucun cas devenir un masque permanent.

Malgré toutes ces considérations, il est important de ne pas craindre cette étape de votre vie. Rappelons que la plupart des personnes âgées sont très satisfaites de leur situation et certaines maintiennent ce haut niveau de bien-être jusqu'à leur mort[24].

---

24. Holahan, Holahan, Velasquez, et North (2008), dans Fortin, Bruno (2016). « Le refus de vieillir », *Psychologie Québec*, vol. 33, n° 4, p. 62.

## DÉSÉQUILIBRE IDENTITAIRE OU CRISE EXISTENTIELLE ?

Chez bon nombre de personnes, la retraite suscitera une crise d'identité, notamment en ce qui concerne les enjeux liés à la difficulté de faire le deuil du rôle exercé dans le cadre du travail. Il semble que ce soit de façon plus marquée chez les hommes, les femmes ayant tendance à trouver plus facilement des réseaux sociaux de substitution.

Pour plusieurs individus, le statut revêt une si grande importance que, sans lui, ils perdent leur identité. Souvent, il est question d'ego, mais il y a d'autres cas de figure. Pensons aux athlètes qui s'adonnent à un sport de haut niveau et dont l'identité est fortement associée à leurs réussites. Même chose pour des chefs d'entreprises qui ont travaillé d'arrache-pied toute leur vie. Les personnes de ces deux groupes ont consacré un nombre incalculable d'heures à leur activité, au point où celle-ci est devenue le centre de leur existence. Une fois à la retraite, leur identité risque d'être davantage affectée si ces personnes restent cantonnées dans leur rôle et n'arrivent pas à se définir autrement que par le statut lié à leur ancienne activité. Leur défi sera encore plus grand si elles ont négligé les occasions de développer d'autres champs d'intérêt que ceux liés à leur travail.

Et même plusieurs personnes qui n'accordent pas une aussi grande importance à leur emploi auront tendance à se présenter aux autres en parlant de leur rôle passé. Répondre simplement qu'elles sont à la retraite ou qu'elles ne travaillent plus ne leur semblera pas prestigieux. Peut-être que ce sera votre cas si votre estime et votre identité sociale reposent principalement sur le statut lié à votre emploi ou au titre que vous portiez.

Voyons maintenant comment se vit l'adaptation en lien avec l'évolution de l'équilibre chez quelqu'un qui quitte le marché du travail. Au moment des études, cet individu avait un statut d'apprenant, un futur ci, un futur ça. Le travail a ensuite concrétisé la manière de se définir, lui a conféré une identité sociale. Cette personne était fière du rôle qu'elle occupait dans la société et se nourrissait de l'image qu'elle projetait. Elle était reconnue par ses pairs. En avançant en âge et, la fatigue aidant, il se peut qu'elle ait ressenti de moins en moins de plaisir au travail, qu'elle soit en perte d'équilibre. Puis, la décision de prendre sa retraite a suscité réellement le déséquilibre en raison des changements que cela apportait dans sa vie. Sans l'importance que lui conférait son emploi, sa valeur personnelle est remise en doute. Pour certaines personnes, ce déséquilibre sera vécu comme une importante crise existentielle. Cette perte amènera une remise en question du sens de la vie et des motivations à se lever le matin…

Si cette personne est par ailleurs en bonne santé physique et mentale et que son parcours montre que les transitions de vie ont été vécues sans embûche, elle reprendra peu à peu le chemin vers un nouvel équilibre. Son attitude, ses réflexions, ses comportements, ses lectures, les échanges avec la communauté des personnes retraitées et le passage du temps y contribueront. En fait, elle devrait peu à peu se rendre compte que sa valeur réside dans la personne qu'elle est et que l'absence de son titre ne lui enlève rien. Ce nouvel équilibre lui permettra de se redéfinir non pas au regard de son emploi, mais de ses qualités ou compétences personnelles, et l'amènera à savourer le choix qu'elle aura fait.

En somme, c'est votre ego qui devra cesser de croire en l'existence d'un lien direct entre votre valeur et l'emploi que vous occupiez. Refuser de vous remettre en question à la suite du déséquilibre vécu par l'arrivée de votre retraite signifiera refuser d'avancer. Ne craignez pas cette perturbation. L'inadaptation est souvent temporaire et ce processus dynamique ne sera pas linéaire. La démarche requise pour retrouver l'équilibre pourrait vous apporter des gains inespérés.

S'il y a un problème, réglez le problème sans tarder. Pour bien vivre le deuil du statut ou du titre que vous portez, il faudra d'abord en prendre conscience. Vous êtes bien plus que ce rôle, seulement vous pourriez peut-être l'oublier. Vous vous sentirez encore plus vulnérable si vous réalisez que vous avez laissé très peu de place aux autres aspects de votre personne durant votre vie au travail. Au travers du processus d'adaptation, vous vous redéfinirez en cohérence avec votre nouvelle identité. Vous aurez à vous accorder un temps de transition pour retrouver la personne que vous êtes en dehors de ce rôle.

Ayez le courage d'aller à votre rencontre. Le point de référence pour vous qualifier ne sera plus votre travail. En outre, vous pourrez vous redéfinir par d'autres rôles dont vous retirerez de la satisfaction (ex. : par l'entremise de votre statut familial, de vos qualités, de vos compétences ou de vos passions). Un des secrets pour y arriver consistera dans l'amour que vous saurez vous porter. Vous devrez faire preuve de bienveillance et d'indulgence envers vous-même.

## La retraite, et si ça ne se passait pas comme prévu ?

Même si on essaie de tout préparer, il est possible que ça ne se passe pas comme prévu. Surtout à la retraite, période qui peut nous mener à faire face à nos zones de fragilité. Prendre conscience de la possibilité de faire face à différents facteurs de risque est une bonne manière de mettre en place des moyens de vous en prémunir.

Dans ce chapitre, je vous présenterai donc certains enjeux qui pourraient vous concerner. Notez qu'ils ne sont pas classés par ordre d'importance (puisque la probabilité de les voir se manifester diffère d'une personne à l'autre), qu'ils sont interreliés et que bon nombre d'entre eux ne concernent pas uniquement la retraite. Et, surtout, que le réel problème serait de les accepter comme une fatalité.

## AGENDA TROP BIEN GARNI... OU PAS

Peu importe l'âge auquel on prend notre retraite, il est normal de ralentir la cadence et d'ajuster le rythme de vos activités. Après tout, cette période invite à lever le pied. Et pourtant, il n'est pas rare que les individus nouvellement retraités surchargent leur horaire par peur de l'impression de vacuité. Cette activité frénétique leur permet de remplir le vide des heures autrefois comblées par leur emploi, mais également de fuir leur nouvelle réalité en quelque sorte. La société dans laquelle nous vivons est productiviste. Notre utilité est contestée si on ne produit pas.

Certaines personnes voient donc leur retraite comme le moment rêvé pour faire tout ce qui n'a pu être fait durant leur vie au travail. Ce sont ces mêmes personnes qui seront curieuses de connaître vos projets. Si votre réponse manque de précision ou semble dénuée de plans d'envergure, vous risquez d'observer une expression de surprise ou d'incompréhension sur leur visage. Il sera toujours possible d'éviter leurs questions en répondant par exemple: *Mes projets ne sont pas encore précis, je me donne du temps.* Ou vous pourriez lancer une boutade du genre: *J'hésite entre changer le monde et voler une banque.* Ou encore, affirmer: *Mon projet est de ne pas en avoir!* Plus vos choix seront clairs, plus ils deviendront faciles à affirmer. Votre entourage sera apte à reconnaître votre valeur, et ce, peu importe ce que vous ferez. Si vous craignez les jugements, construisez-vous une carapace au plus vite.

À mon sens, il faut éviter de voir dans le mot *projet* un ensemble d'activités qui mènent inexorablement à une fin grandiose, et ce, même si cette avenue pourrait répondre aux ambitions de certains individus. Lorsqu'il est question de projets, il peut simplement s'agir d'occupations journalières ou d'activités entreprises à court terme. Organiser une fête, bricoler, mettre de l'ordre dans vos photos ou visiter des proches, tout cela constitue des projets pouvant combler votre quotidien, et ce, aussi bien que de grimper le Kilimandjaro.

Peut-être qu'ultimement ne rien faire sera votre choix et que le fait de ne pas avoir d'activité précise vous permettra de mieux improviser vos projets au gré de vos désirs et de vos impulsions. Dans ce cas, vous devrez essayer de ne pas ressentir l'obligation de surcharger votre emploi du temps. La vie vous a imposé de planifier vos activités dès votre entrée à l'école, et même peut-être avant. La clé réside toujours dans la possibilité d'exercer vos propres choix. Il faudra toutefois éviter de vous ennuyer. L'ennui surviendrait lorsque l'attention n'est pas suffisamment engagée ou encore lorsque nous ne trouvons pas de sens à l'activité à laquelle nous nous livrons. Il vous appartient de voir ce qui vous correspond.

Si au contraire vous êtes du genre à avoir plusieurs projets en chantier, que vous cherchez à réaliser une multitude de projets en même temps ou que vous désirez cultiver toutes les amitiés, cela pourrait devenir un problème de taille. Faire des choix conscients et les revoir régulièrement vous aidera à garder le contrôle de vos décisions et à éviter de vous perdre dans les méandres des activités quotidiennes (qui prennent tout de même passablement de temps !) Peut-être aurez-vous besoin de vous fixer des buts et de les actualiser, avec l'aide d'un échéancier ou d'un agenda où vous pourrez indiquer vos rendez-vous. Mieux que quiconque, vous savez où sont vos failles et comment les contourner, ou sinon comment les tolérer.

Un autre piège qui sera à éviter est de paralyser devant l'immensité des possibles et de ne plus rien faire. Si cela vous arrive, il faudra vous poser les bonnes questions : votre léthargie signifie-t-elle que vous vivez un moment de déprime ? Est-ce parce que vous n'osez pas expérimenter de nouvelles activités ? Dans ce dernier cas, il faudra faire un pas de côté et consentir à vous engager dans une occupation, même si elle n'est pas votre premier choix. Il sera toujours temps de l'abandonner pour passer à autre chose par la suite, l'idée étant d'amorcer le mouvement.

Dans tous les cas, vous devrez rester ouvert à vos réelles envies et à vos réels besoins, sans vous laisser malmener par les construits sociaux. À tout moment, vous pourrez troquer vos pantoufles pour des souliers plus actifs, ou l'inverse.

## MANQUE DE TEMPS

Paradoxalement, plusieurs personnes affirment manquer de temps au moment de la retraite. Ce genre d'affirmation peut paraître incompréhensible, voire vexant, pour les gens qui sont encore sur le marché du travail. Pourtant, c'est simplement que le temps est employé différemment durant ces deux étapes de vie.

> *« Le paradoxe du temps, c'est que rares sont ceux qui estiment en avoir suffisamment, alors que chacun dispose de sa totalité. »* — Jean-Louis Servan-Schreiber

Le frère de mon amie Monique, Montcalm Tremblay, à qui elle avait demandé ce qu'il faisait de ses journées à la retraite, avait affirmé : *Quand je me lève le matin, je n'ai rien à faire, puis lorsque je me couche le soir, je n'en ai pas la moitié de fait !* Cette déclaration humoristique a de quoi faire réfléchir !

À la retraite, on se lève un peu plus tard, on déjeune lorsque la faim se fait sentir, on sirote son café plutôt que de le boire à la hâte, on prend connaissance de l'actualité, on fait un survol des réseaux sociaux, on accorde un peu de temps à faire de l'exercice et puis hop, il est midi… Et à cela, il faut ajouter un tempo au ralenti.

La retraite est un temps pour soi, un temps dont on doit être maître. Cela implique d'en disposer à notre guise. À cette fin, il vous sera souhaitable de demeurer à l'affût de ce que vous en ferez, pour mieux voir si votre horaire comporte des failles.

Il est possible d'énumérer les occupations chronophages en les classant selon deux catégories. Un visiteur qui débarque à l'improviste, une panne de voiture ou une enquête téléphonique constitueront la catégorie des *voleurs de temps externes*. La seconde, celle des *voleurs de temps internes*, sera quant à elle liée au perfectionnisme, à l'incapacité à dire non, aux champs d'intérêt trop dispersés, à l'oisiveté et au report des tâches désagréables.

Il sera même possible de pousser l'analyse plus loin. Une chercheuse a récemment développé le concept des confettis temporels[25]. Elle le décrit en ayant recours à l'image du temps libre qui se déchiquette comme des confettis lorsqu'il est interrompu soit par des messages textes, des notifications en provenance des réseaux sociaux, des courriels ou toute autre forme de distraction dont on néglige les conséquences. Ces confettis temporels, interruptions typiques de notre époque, grignoteraient environ 10 % de notre temps, ce qui n'est pas négligeable, d'où l'importance d'y prêter attention. Pour en saisir davantage la portée, vous pourrez intégrer cette donnée dans l'analyse de votre temps.

25. Whillans, dans Allard, Marc (2020). « Les chronophages », *Le Soleil*. Récupéré le 5 mai 2021 de www.lesoleil.com/chroniques/marc-allard/les-chronophages-eb783096080a9cb7667bdd9416f30f52.

Afin de gérer efficacement votre précieux emploi du temps, il sera avisé de remplacer l'expression *Si j'avais le temps...* par *Quelles sont mes priorités ?* En mettant vos projets sur papier, vous les rendrez tangibles et augmenterez la probabilité de les actualiser sans pour autant replonger dans un carcan semblable à celui du travail. Rien ne vous empêchera de les transformer à votre guise. L'important sera que vos occupations correspondent à vos souhaits. Le temps consacré à une telle planification vaut la peine puisque habituellement, chaque heure de préparation permet d'en gagner quatre.

Si vous prévoyez être bénévole ou occuper de nouveau un emploi, il vous faudra avoir suffisamment de vigilance pour tracer une frontière avec votre vie personnelle. Il ne sera peut-être pas nécessaire de laisser systématiquement vos samedis et vos dimanches libres, mais il sera nécessaire de protéger certaines journées. Cela vaudra aussi pour ce qui concerne la gestion des courriels ou des textos reliés aux activités où vous serez impliqué. Vous devrez garder en tête qu'il n'est pas obligatoire de répondre à une demande dès sa réception. L'hyperconnectivité et l'immédiateté liée aux communications numériques entraînent souvent un sentiment d'urgence.

Pour une gestion de temps optimale, vous pourrez aussi envisager d'organiser vos journées en quatre périodes. D'abord celle pour les occupations liées à l'hygiène (incluant l'activité physique), ensuite la période pour les tâches ménagères (incluant les courses, les repas et la gestion des finances), puis celle pour soi (incluant l'exploration de nouveaux loisirs, les rencontres amicales, les études et le bénévolat) et, finalement, la période pour relaxer, réfléchir et méditer. De cette manière, vous aurez l'assurance de bien équilibrer l'utilisation de votre temps.

L'encadré qui suit fait état de quelques principes et constats relatifs à la gestion du temps. Voyez ceux qui pourront vous aider à mieux la maîtriser.

**Principes et constats relatifs à la gestion du temps**

- Nous traitons 50 % de nos tâches dans l'ordre où elles apparaissent plutôt que selon leur importance.
- Cinq minutes par jour équivalent à plus de trente heures par an.
- Quinze minutes par jour équivalent à presque quatre jours par an.
- Une heure par jour équivaut à plus de quinze jours par an.

En général, nous faisons :

- ce qui nous plaît avant ce qui nous déplaît ;
- ce qui va vite avant ce qui prend du temps ;
- ce qui est facile avant ce qui est difficile ;

- ce qui est urgent avant ce qui est important[26];
- ce qui est noté dans l'agenda avant ce qui n'est pas à l'horaire;
- ce qui est réclamé plus bruyamment...

Forgez une image mentale du projet que vous souhaitez réaliser au moment de votre retraite. Imaginez le résultat final. Pour les tâches plus longues ou celles qui vous rebutent, il est possible d'établir un plan de travail par étapes. *Un éléphant se mange une bouchée à la fois,* diront certaines personnes. Pour ma part, j'aime bien la technique du *fromage gruyère*, selon laquelle on ne réalise qu'un bout de tâche à la fois, comme si on grignotait un à un de petits morceaux de cet aliment. Par exemple, faire le ménage dans vos photos pendant une heure chaque matin plutôt que trois journées entières vous permettra de terminer le travail petit à petit, sans sembler alourdir votre emploi du temps.

Prenez aussi en compte votre style d'efficacité. Préférez-vous travailler sous pression ? Dans la tranquillité ou

26. Ce qui semble urgent (vital ou impératif) n'est pas toujours important (très utile) et l'évaluation du degré d'urgence et d'importance variera d'un individu à l'autre. Prendre soin d'un proche malade peut être à la fois urgent et important. Faire votre déclaration d'impôt est important, mais pas nécessairement urgent selon la période de l'année.

avec de la musique ? Êtes-vous un oiseau de nuit ou un lève-tôt ?

D'autres gestes pourront contribuer à bonifier votre gestion du temps. Par exemple, il sera profitable de résister au syndrome de l'action immédiate qui amène la plupart du temps à accomplir des tâches non prioritaires. Désactiver les alertes de vos courriels et de vos réseaux sociaux contribuera à améliorer votre concentration. Ces alertes détournent l'attention en réclamant une réponse instantanée, et l'action en cours s'en trouve perturbée, ce qui nous oblige à consacrer du temps additionnel pour nous y remettre.

Organiser votre environnement rendra également vos actions plus efficaces. Il faudra d'abord faire du ménage ; ranger et éliminer ce qui est inutile. Un classement adéquat contribue à un gain de temps. Une place pour chaque chose et chaque chose à sa place. Des casiers, de petits bacs ou des chemises favoriseront la pérennité de l'opération. Numériser vos documents ou photographier vos souvenirs diminuera l'espace consacré au rangement. Vous doter d'un espace infonuagique (communément appelé *cloud*) est recommandé pour l'entreposage de vos fichiers de façon sécuritaire. Il importe aussi de bien les classer.

Même à la retraite, il vous sera toujours utile d'avoir un agenda (papier ou électronique). Eh oui, vous aurez encore des rendez-vous ! Ce sera d'autant plus important que l'absence d'horaire structuré vous rendra plus à risque d'oublier vos engagements.

Il sera également prudent de réserver du temps pour les imprévus et de l'espace pour l'improvisation, un des luxes de la retraite. Quel plaisir de pouvoir allonger un dîner sans se préoccuper de l'heure ! Et, enfin, rappelez-vous qu'il n'y a que vingt-quatre heures dans une journée…

## TROP ÂGÉ POUR…

Combien de fois vous êtes-vous dit : *Je vais faire cela lorsque je serai à la retraite ?* Quand vous serez rendu à cette étape, évitez surtout de remplacer cette affirmation par une nouvelle telle : *Je ferais cela si j'étais en bonne santé ou plus jeune…*

À moins d'être une jeune personne retraitée, votre image de la vieillesse et vos préjugés pourraient devenir vos pires ennemis et freiner certains projets. Dans le même ordre d'idées, les symptômes somatiques peuvent servir d'alibis aux gens qui cherchent à se soustraire à de nouvelles activités ou rencontres. Gardez en tête que ce n'est pas une solution et demandez-vous : est-ce ainsi que vous souhaitez gérer votre retraite ? Si vous ne voulez pas faire quelque chose, il sera plus juste de le dire simplement et de ne pas vous cacher derrière des prétextes.

De fait, la vieillesse n'est peut-être pas tant une question d'âge que d'attitude. Apprenez à relativiser ce qui vous arrive, et ce, peu importe votre âge. Demandez-vous si ce que vieillir provoque est grave ou si c'est seulement plate (ou fâcheux). Ainsi, est-ce grave de perdre vos cheveux ? Sans doute que ce ne l'est pas, mais c'est tout de même fâcheux. Est-ce grave d'avoir mal aux articulations ? Non, mais c'est fâcheux. En amplifiant certains événements, on se rend misérable inutilement. Ce petit questionnement proposé par Diane Martel, autrice et conférencière, nous permet de réaliser que peu de situations sont réellement graves. Dans son livre *C'est grave ou c'est plate ?*, elle invite à prendre du recul et à constater que, la plupart du temps, les faits sont assez banals. Additionné à un brin d'humour, ce constat rendra vos journées plus agréables en vous permettant de réagir de façon proportionnée aux situations.

Il pourrait arriver que ce soit votre entourage ou même la société qui fassent preuve d'âgisme et utilisent votre âge comme prétexte pour vous surprotéger en vous incitant à éviter de pratiquer certaines activités. Certes, les accidents arrivent, c'est le cas à tous âges. Or, on n'empêche pas les enfants de faire l'apprentissage de la marche sous prétexte qu'ils vont tomber... Il faudra éviter de vivre dans une cage de verre ou que votre âge devienne le seul déterminant de vos activités.

Pour poursuivre cette réflexion, vous trouverez un épilogue à la fin de ce livre qui traite spécifiquement de la préparation à la vieillesse. Un jour ou l'autre, tout le monde vieillit et il importe de voir venir certaines décisions à prendre, toujours dans l'optique de demeurer en contrôle de votre vie.

## JONGLER POUR NE RIEN LAISSER TOMBER

Toute notre vie, on jongle avec une multitude de balles pour tenter de les maintenir en équilibre : la famille, les relations, les loisirs, l'activité physique et le travail. On croit à tort que l'arrivée de la retraite amènera d'emblée cet équilibre. Or, ce n'est pas le cas. Certaines balles changent, mais elles ne disparaissent pas pour autant.

Il vous faudra donc continuer de balancer les différentes sphères de votre vie. Pour ce faire, votre niveau de satisfaction envers chacune d'elles devrait idéalement se situer au-delà de 60 %[27]. En ayant à l'œil tous les secteurs de votre vie sans en négliger, vous éviterez d'en laisser tomber un, ce qui briserait ainsi l'harmonie.

Il existe un modèle de gestion pour prendre soin de soi qui s'applique aisément aux personnes retraitées[28]. Pour le reproduire, dessinez d'abord un cercle au centre duquel vous inscrirez votre raison d'être, soit la mission sur Terre qui vous définit. Cet élément constituerait un facteur de résistance au stress favorisant votre longévité. Autour de ce cercle, ajoutez quatre cadrans. Dans le premier, inscrivez en quoi vous pensez que votre mode

---

27. Sabongui, Amir Georges (21 août 2018). *Diamant ou poussière : comment briller sous pression... sans s'effondrer*, conférence prononcée à la Polyvalente Saint-Georges, Commission scolaire de la Beauce-Etchemin.
28. Perkins, Dennis N. T. (2003). *Leadership sous 0°*, Gatineau, Éditions du trésor caché, 236 p.

de vie à la retraite consistera. Vous pouvez y indiquer comment les forces qui vous sont propres seront mises à profit dans l'accomplissement d'une activité qui vous procurera de la satisfaction et donnera un sens à vos efforts.

Dans le deuxième cadran, indiquez ce que vous prévoyez faire relativement à votre santé corporelle. Ce cadran concerne vos besoins en matière d'activité physique, en alimentation et en sommeil. La façon de vous nourrir non seulement affecte votre santé physique, mais touche aussi votre santé mentale. En ce qui concerne le sommeil, il est par exemple bénéfique de vous accorder une période de calme avant d'aller dormir. Adopter un horaire stable contribuera également à de meilleures nuits. Rappelons que l'alcool, la caféine et l'utilisation prolongée des écrans nuisent à la qualité du sommeil.

Dans le troisième cadran, placez ce qui concerne vos relations. Nous avons parlé précédemment de leur importance, notamment au moment de la retraite.

Finalement, dans le quatrième cadran, notez ce qui est relatif au renouveau ou à ce qui pourra vous revitaliser et favoriser la création de nouvelles connexions neuronales qui, à leur tour, entraîneront un meilleur état cognitif. Pensez à l'importance que vous accordez, que vous voulez accorder et que vous pensez devoir accorder à chaque cadran.

Le fait d'en visualiser l'importance devrait vous aider à prendre conscience des déséquilibres qui pourraient exister et à rebalancer le tout afin de mieux prendre soin de vous. Enfin, si l'objectif est d'équilibrer ou d'harmoniser le tout, cela ne signifie pas de tout égaliser.

## UN BUDGET ÉQUILIBRÉ

Pour la majorité des personnes, la baisse de revenus occasionnée par la fin des activités rémunérées est habituellement compensée par une diminution de certaines dépenses. Ainsi, vous ne contribuerez plus à un fonds de pension, vous aurez besoin de moins de vêtements (du moins, ceux spécifiques à votre emploi), il ne sera plus nécessaire de vous déplacer pour vous rendre au travail, et peut-être n'aurez-vous plus de stationnement à payer. Par contre, certaines dépenses risquent d'augmenter, surtout celles relatives au secteur des loisirs et du temps pour soi.

À vous d'établir un budget ou de réviser celui que vous avez déjà. Pour mieux comprendre où va votre argent, il sera utile de vous prêter à un exercice semblable à celui relatif à l'usage de votre temps, en rassemblant cette fois les informations sur vos dépenses.

Certaines institutions financières proposent des outils en ligne pouvant vous renseigner sur vos dépenses. Ils vous permettent de visualiser le bilan des sommes que vous avez déboursées annuellement au moyen d'un graphique circulaire dont chaque secteur correspond à une catégorie de dépenses (ex. : la nourriture, l'essence). Il va de soi que pour que le portrait d'un tel bilan soit juste, vos sorties d'argent doivent toutes ou presque avoir été effectuées sur des cartes (crédit et débit) provenant de l'institution financière en question. Autrement, vous pourriez procéder en tenant votre propre registre, ce qui exigera temps et discipline. Quel que soit le moyen utilisé pour procéder à votre analyse, cela vous permettra d'ajuster vos choix budgétaires en fonction de vos besoins, de vos désirs et, ultimement, de votre capacité de payer.

Chaque situation mérite une analyse personnalisée. Constatez les dépenses fixes et celles qui sont discrétionnaires. C'est sur ces dernières que vous pourriez avoir une marge de manœuvre, si petite soit-elle. Parfois, il suffira de changer des habitudes ou de repenser certains choix. D'autres fois, cela exigera de plus grands sacrifices. Ainsi, serait-il possible de restreindre vos dépenses énergétiques en diminuant le chauffage d'un ou deux degrés la nuit ? Pourriez-vous retirer quelques aliments de votre chariot d'épicerie ? Une friperie répondrait-elle, à moindre coût, à vos besoins vestimentaires ? Changer de logement vous permettrait-il de réduire vos mensualités ? Un programme de préretraite ou de semi-retraite vous est-il accessible ? Il pourrait vous permettre de profiter plus rapidement d'une certaine liberté, voire de vous adapter à la venue de la fin de votre vie active au travail tout en respectant vos contraintes financières. L'*Annexe A* offre quelques suggestions pour réduire vos dépenses. Vous pourrez bonifier cette liste en fonction de votre réalité.

Il sera aussi possible d'épargner en faisant des démarches qu'on néglige par manque de temps lorsqu'on est sur le marché du travail. Par exemple, le magasinage de votre assurance automobile. Sachez qu'il existe des tarifs en fonction de l'âge, selon le kilométrage parcouru annuellement et même selon le dossier de conduite. Pensez aussi aux taux d'intérêt que rapportent vos placements (si vous en avez) ou aux avantages que vous procurent certaines cartes de crédit (ex. : assurances voyages, retour en argent). Vous aurez plus de temps ! Chercher à améliorer votre situation financière pourrait devenir une façon intéressante de mieux disposer de votre argent.

Pour pallier toute éventualité, il sera prudent de prévoir dans votre budget une sorte de fonds d'urgence pour les imprévus (il y en a toujours). Les chutes de la Bourse ou les montées de l'inflation peuvent toujours susciter de mauvaises surprises. Prenez soin de vos économies pour éviter toute situation qui forcerait votre retour sur le marché du travail. Vous préparer impliquera quelques concessions, mais diminuera d'autant votre insécurité. Repenser votre rapport à l'argent y contribuera également.

Si possible, prévoyez de vivre un peu en deçà de vos moyens au moment de la retraite. Par exemple, pourrez-vous envisager de vendre votre maison pour habiter un appartement et ainsi libérer la somme requise pour faire l'achat d'un véhicule de camping ou de billets d'avion ? Si vous vivez en couple, sera-t-il essentiel d'avoir encore deux véhicules puisque vous n'aurez plus à vous déplacer pour vous rendre au travail ? N'en posséder qu'un pourrait vraisemblablement libérer la somme nécessaire à un voyage annuel ! Limiter vos visites au restaurant en optant davantage pour la cuisine maison pourrait vous permettre de faire l'économie nécessaire à la réalisation de quelques rénovations. À vous de voir ce que cela peut vous inspirer !

La réalisation de certains rêves pourrait même vous inciter à accepter des mandats de travail temporaires. Si tel est le cas, vous devrez penser à préserver une partie de ces revenus additionnels pour d'éventuels remboursements d'impôt puisque les déductions prélevées à la source ne seront pas automatiquement adaptées à votre situation fiscale. Avant d'accepter de tels contrats, il vous faudra vérifier auprès de votre comptable jusqu'où il est possible d'augmenter vos revenus sans changer de fourchette d'imposition. Il peut arriver que le jeu n'en vaille pas la chandelle.

Pour les personnes à l'aise financièrement et qui ont accumulé de l'argent pour leurs vieux jours, le temps sera venu d'en profiter ! Rien ne servira d'en accumuler davantage. Si vous disposez de grosses sommes, outre vous faire plaisir, vous pourrez penser à faire des dons de votre vivant. Mon oncle Hilaire utilisait l'expression *donner les mains chaudes*, exprimant ainsi le plaisir de donner de son vivant. Rendre vos proches heureux ou vous associer à une cause qui vous est chère pourrait vous combler.

## UNE PILULE, UNE PETITE GRANULE

Qui n'a pas déjà clamé ou entendu l'affirmation *Prenons l'apéro puisqu'il est certainement cinq heures quelque part dans le monde*? Quand vous serez à la retraite, allez-vous boire un verre d'alcool tous les jours étant donné que vous ne travaillerez pas le lendemain? À partir de quelle heure commencerez-vous à consommer? Le ferez-vous de manière individuelle ou en société? Quelle fonction aura votre consommation? Le plaisir? L'oubli? Comme le dit la chanson du groupe Beau Dommage, il arrive que « C'pas la boisson, c'est pas le buveur, c'est le fun qui s'use[29] »...

Si vous faites mauvais usage de votre temps libre, l'ennui pourrait vous rendre vulnérable à la dépendance. Même chose si vos choix de vie vous rendent misérable. Vous aurez alors envie de vous étourdir ou de vous automédicamenter pour fuir votre réalité. Il sera important que vous ne laissiez pas le vide s'installer.

Il n'y a pas que l'alcool qui peut créer une dépendance. Vous avez eu une mauvaise nuit? Vous avez mal ici ou là? Pourquoi pas une petite pilule, un produit naturel ou un petit joint? Votre rapport à la nourriture, au magasinage, aux émissions télévisées, aux jeux en ligne ou aux réseaux sociaux peut également être remis en question. Ce n'est pas tant les produits ni le fait d'y avoir recours qui posent problème, mais plutôt l'abus, la difficulté à s'en passer et leur effet sur votre fonctionnement au quotidien. Qu'en est-il de votre situation actuellement?

---

29. Paroles tirées de la chanson *Heureusement qu'il y a la nuit*, de Beau Dommage.

Pensez-vous que certaines de vos habitudes pourraient se transformer en dépendance au moment de la retraite ?

Si vous suivez la tendance bien humaine de toujours recourir aux mêmes solutions, aux mêmes *patterns*, prévoyez des solutions de rechange sans tarder, de façon à prendre de saines habitudes avant votre retraite. Par exemple, convertissez certains cocktails en *mocktails*, et ce, sans vous priver du plaisir festif. Vous pouvez aussi limiter le nombre d'heures allouées à l'utilisation des réseaux sociaux. Plusieurs tablettes électroniques indiquent de façon hebdomadaire le temps qu'on y a passé. C'est une autre façon de mieux gérer votre activité.

Si vous n'arrivez pas à mettre en place des solutions adéquates, il existe des ressources spécifiques aux différentes dépendances. N'attendez pas que la situation dégénère. Je ne le répéterai jamais assez, il n'y a aucune honte à demander du soutien.

## LE RÉSEAU SOCIAL, DES ENJEUX À ENVISAGER

Nous l'avons vu précédemment, le réseau social se transforme et diminue parfois considérablement au moment de la retraite. Bien qu'il existe plusieurs solutions pour que vous le mainteniez à flot, il se peut que vous rencontriez des difficultés en chemin.

Certaines personnes vont fuir la solitude de manière néfaste. Il peut effectivement parfois paraître simple de le faire en se contentant de la présence de personnes toxiques. Et pourtant, c'est bien connu, vaut mieux vivre seul plutôt que d'être en mauvaise compagnie, puisque les relations malsaines risquent de miner votre bien-être et de vous apporter moult soucis.

Pensez-vous que c'est le genre de situation dans laquelle vous pourriez vous retrouver à la retraite ? Dans votre vie, actuellement, y a-t-il des gens qui dépendent de vous de façon malsaine ? Considérez-vous que la balance entre vos relations de dépendance et vos relations égalitaires est suffisamment bonne pour assurer votre bien-être mental ? Sinon, que pouvez-vous faire pour améliorer la situation dès aujourd'hui afin de préparer un environnement social plus sain en vue de votre retraite ?

Apprenez à vous aimer suffisamment pour faire en sorte de ne briser votre isolement qu'à la faveur de rencontres significatives dès maintenant. Il n'est pas indispensable d'être continuellement entouré pour ressentir le bonheur. Vous devrez choisir méticuleusement les personnes avec lesquelles passer les précieuses minutes de liberté gagnées à la sueur de votre front ! Tout est question de choix et de dosage.

Et même si vous réussissez à garnir votre cercle social de personnes sur qui vous pouvez compter, votre réseau risque malheureusement de s'amenuiser avec le temps. Les deuils liés à la perte d'êtres chers se multiplieront, notamment peut-être celle de votre partenaire de vie. Même si ce sont des périodes difficiles, il vous faudra garder en tête de ne pas laisser la solitude miner votre bien-être. Selon votre lien d'attachement avec ces personnes disparues ou la place qu'elles occupaient dans votre quotidien, leur perte laissera un vide plus ou moins grand. Il faudra continuer de nourrir ou de créer des liens sociaux significatifs et, tout en faisant preuve d'optimisme, garder une dose de réalisme face aux coups durs. Et si jamais, pour vous, le bonheur doit essentiellement être partagé avec quelqu'un, la perte de votre douce moitié ne signifie pas la fin de votre vie amoureuse. Quand votre cœur sera disponible, vous pourrez vous tourner vers de nombreux sites de rencontres. De belles histoires d'amour sont nées par le biais de réseaux sociaux[30].

## IL EST OÙ, LE BONHEUR ?

La retraite n'est pas nécessairement synonyme de bonheur, comme on voudrait bien nous le laisser entendre. La réalité peut parfois briser les rêves. Si vous avez longtemps songé à votre retraite, il se peut que vos désirs ne se réalisent pas comme prévu.

Les hauts et les bas de l'existence nous invitent à nous remettre en question et à réajuster nos réactions face aux événements. C'est la même chose au moment de la retraite. Vos capacités d'adaptation et votre habileté à trouver des solutions vous aideront à avancer

30. La vigilance est tout de même de mise puisque les arnaqueurs ciblent les personnes trop naïves...

positivement sans ruminer le passé. Il vaut effectivement mieux ne pas trop s'attarder à ce qu'on laisse et regarder vers l'avant. Au moment de quitter votre emploi, une bonne réaction adaptative consistera à éviter d'emporter des regrets. De cette façon, vous accroîtrez vos chances de cultiver le bonheur plutôt que l'amertume.

Bien qu'il n'y ait pas de définition du bonheur qui fasse l'unanimité, bon nombre de personnes l'associent à une bonne qualité de vie. Il serait donc nourri par une panoplie de facteurs.

La chance aurait un effet sur la satisfaction à l'égard de la vie. Naître dans un quartier ou dans une famille favorisée, être une personne qui correspond aux standards de beauté ou vivre dans un entourage bienveillant, ce sont tous des éléments indépendants de nous qui risquent indéniablement d'affecter notre qualité de vie et ultimement notre bonheur. L'équation n'est toutefois pas toujours linéaire. Si l'argent est à la source d'une forme de bonheur, il ne jouerait que jusqu'à un certain point au-delà duquel il aurait peu de sens. Et se satisfaire de ce qu'on a déjà importerait davantage que d'obtenir plus de ce que l'on désire[31].

La santé demeurerait également un ingrédient essentiel au bien-être pour que nous puissions jouir pleinement

31. Harari, Yuval Noah (2015). *Sapiens, une brève histoire de l'humanité,* Paris, Albin Michel.

de la vie et de tous les possibles qu'elle met sur notre route. Tant qu'on est en bonne santé, on ne réalise pas toujours la chance qu'on a. Ce cadeau demeure parfois bien fragile et quand la maladie survient, elle peut bouleverser l'existence.

La maladie ne devient une source de détresse à long terme que lorsque notre état continue de se dégrader, entraînant une douleur permanente et débilitante. A contrario, les gens, à qui on diagnostique des maladies chroniques telles que le diabète, vivent généralement une phase de déprime, mais, si leur état n'empire pas, ils s'habituent et finissent par évaluer leur bonheur au même niveau que les personnes bien portantes[32].

Finalement, c'est la famille et la communauté qui produiraient les effets les plus significatifs sur notre bonheur.

À la lumière de ces données, peut-être vous faudra-t-il redéfinir votre bonheur et surtout vos attentes ! Chose certaine, si la retraite laisse plus de liberté, elle ne vous conduira pas d'emblée au bonheur. Ce sont les actions que vous poserez et l'état d'esprit que vous nourrirez qui vous y mèneront.

Il vous faudra adopter des habitudes de vie qui contribuent à votre santé mentale. En outre, une bonne alimentation, l'exercice physique et les activités de loisirs sont directement associés au bien-être psychologique. Selon

---

32. *Ibid.*

la recherche, un niveau élevé d'activité physique aurait un effet protecteur pour éviter l'apparition de troubles dépressifs majeurs ou modérés, notamment chez les personnes âgées[33]. Voilà une nouvelle invitation à sortir vos chaussures de marche, ainsi que votre tablier !

De même, il vous faudra travailler sur votre état d'esprit. Il va de soi que voir le verre à moitié plein, et non à moitié vide, aidera à mieux vous porter ! Si, par exemple, vous devez vendre votre maison en raison d'une baisse de vos revenus, plutôt que d'axer vos pensées uniquement sur la tristesse des souvenirs passés dans cette demeure, concentrez-vous sur la liberté que vous retrouverez grâce à l'entretien que vous n'aurez plus à faire, par exemple. Évidemment, il ne s'agit pas non plus d'être trop jovial ou de ne pratiquer que la pensée positive.

Il vous sera bénéfique de contrôler la petite voix dans votre tête qui peut détruire votre confiance personnelle. Pour empêcher cette dérive, il importera de faire preuve d'indulgence envers vous-même et de faire taire les petites phrases malveillantes qui séjourneront peut-être dans votre cerveau. Le docteur Serge Marquis[34] a

---

33. Schuch, F. B., Vancampfort, D., *et al.* (2018) dans Paquito, Bernard (2020). « L'activité physique, un traitement des troubles dépressifs majeurs », *Les cahiers du savoir,* n° 1, Ordre des psychologues du Québec, p. 57.
34. Marquis, Serge (2011). *Pensouillard le hamster: petit traité de décroissance personnelle,* Montréal, Les Éditions Transcontinental, 184 p.

vulgarisé le concept à l'aide de l'image d'un hamster qui y vivrait et ferait tourner la roue de sa cage sans arrêt, jusqu'à parfois vous faire perdre la tête... Vos pensées, lorsqu'elles deviennent trop présentes, voire obsessionnelles, tournent dans votre tête à la manière de la roue de ce rongeur. Elles monopolisent votre attention et vous font entretenir des idées dévalorisantes liées à ce que vous croyez que les autres pensent de vous. Pour éviter d'être prisonnier de la roue du hamster, il sera indispensable de vous entraîner à reconnaître les bruits qu'elle fait et de mettre un terme à sa course. Faites l'exercice dès aujourd'hui ! Laissez de côté les phrases dévalorisantes que la bête fait défiler dans votre tête. Habituellement, elles reflètent vos croyances et certaines de vos peurs : du rejet, de ne pas recevoir d'amour, de ne pas obtenir la reconnaissance d'autrui ou de subir leur jugement.

La pratique de la présence attentive, ou pleine conscience, serait également bénéfique. Pour la maîtriser, il est essentiel d'accueillir vos émotions sans jugement et de respirer en portant attention aux sensations de votre corps. Il ne s'agit pas d'une initiation à l'abnégation, mais plutôt au lâcher-prise.

Chacun a le devoir de trouver ce qui contribue à son bien-être. Parfois, c'est la somme de plusieurs petits bonheurs. Adopter une attitude de reconnaissance invite aussi à relativiser certains maux. Célébrer les bons moments, prendre une photo ou un égoportrait, tenir un journal de gratitude ou rédiger un cahier de bord et le lire en famille permettrait d'emmagasiner des souvenirs apaisants lors de périodes plus creuses.

Rien ne vous empêche de préparer une boîte de premiers soins pour vous aider à passer les moments plus difficiles quand ils se montreront le bout du nez. Son contenu pourrait comporter ce qui vous fait du bien : le numéro de téléphone d'une personne chère, un livret de pensées positives, un album de photos, une mousse de bain parfumée, un film fétiche, un petit pot de bonheur, etc.

Si vous faites partie des personnes qui sont davantage portées sur l'activité physique, votre boîte pourrait contenir une liste d'occupations à piger ou à cocher : aller courir, escalader une montagne, bûcher une corde de bois, désherber une plate-bande ou faire du grand ménage. Ces moyens de composer avec les jours creux ne sont pas une panacée et n'auront de portée qu'à la condition d'avoir de l'intérêt pour vous.

Pour conclure, j'ajouterais que bien qu'il faille s'attarder aux choses positives, chaque personne porte en elle une zone d'ombre et il va de soi que les problèmes plus délicats requerront des solutions plus complexes, dont l'éventuel soutien de personnel professionnel.

## VOIR UN PSY ?

La santé mentale est toujours à prendre en compte, et ce, peu importe votre âge. Selon vos ressources personnelles, vos expériences antérieures et les circonstances, vous serez plus ou moins habile à vous adapter ou à faire face à l'adversité.

Pour bon nombre d'individus, la concomitance du processus de vieillissement avec la prise de la retraite ajoute d'autres enjeux au point de vue psychologique. La maladie, une séparation ou même la diminution du pouvoir d'achat pourraient aggraver la situation.

Il n'est pas rare que des personnes retraitées présentent des idées suicidaires. Dans ces cas, il faut éviter de laisser ces pensées se transformer en ruminations. Entre les idées noires et le passage à l'acte, il existe toujours un espace, si petit soit-il, permettant de demander de l'aide. Il faut savoir reconnaître vos limites, surtout si votre état se détériore ou que l'envie de mettre fin à vos jours persiste.

Gardez en mémoire que le suicide est *une solution définitive à un problème passager*. C'est ce que les spécialistes sur la question affirment. Sans aide professionnelle, certaines personnes auront malheureusement du mal à croire que leurs problèmes peuvent n'être que temporaires. Apprenez dès maintenant à être à l'écoute de vos émotions et de votre ressenti. Cacher vos bobos ne les fera pas disparaître. Apprenez à accepter les mains tendues, à nommer les choses qui vous perturbent ou vous blessent. La vulnérabilité ne saurait constituer un signe de faiblesse, et personne ne devrait en ressentir de la honte. Acceptez les suggestions venant des gens de votre entourage, dont celle de consulter. Même s'ils sont désireux de vous aider, passé un certain seuil, vos proches se sentiront dépassés ou n'auront pas les compétences nécessaires pour le faire de façon adéquate.

Prendre soin de soi, c'est aussi savoir accepter de recevoir de l'aide, de se faire soigner. Payer pour obtenir cette aide constitue non pas une dépense, mais un investissement. Rares sont les personnes qui hésitent à faire l'achat de pneus sécuritaires pour leur véhicule ou à se procurer des verres ajustés à leur vue, alors pourquoi hésiter à débourser un peu d'argent lorsqu'il s'agit de soins de santé psychologique ? De surcroît, ces services sont déductibles d'impôt et, croyez-moi, en disant cela je ne cherche pas de travail pour mes collègues psychologues !

Si vous constatez qu'une personne qui vous est chère ne va pas bien, ce pourrait être à votre tour d'offrir de l'aide. N'hésitez pas à poser des questions directes relativement à son état. Le fait de lui demander si elle a des idées suicidaires ne la poussera pas à passer à l'acte. Cette personne risque plutôt de sentir que vous la comprenez et que vous présentez suffisamment d'ouverture pour entendre sa détresse. Par contre, il importe de ne pas émettre de commentaire qui pourrait laisser sous-entendre que vous la jugez, ce qui l'amènerait sans doute à cacher ses véritables pensées. De la même manière, tenter de la convaincre de ne pas passer à l'acte parce que des gens tiennent à elle risque de ne lui faire ressentir que de la honte. Ici encore, il ne faut jamais hésiter à diriger une personne en détresse vers des ressources spécialisées.

Les thérapies cognitives, de résolution de problème, d'acceptation et d'engagement, de même que les approches basées sur la pleine conscience peuvent favoriser la flexibilité et l'adaptation nécessaires à votre épanouissement à la retraite. La visualisation positive et la méditation sont d'autres exemples. L'approche qui conviendra le mieux à votre situation devra être convenue avec la personne que vous consulterez.

Dans le cas où votre portefeuille serait trop mince pour accéder à des services en pratique privée, sachez qu'il existe d'excellentes ressources spécialisées dans le réseau public. Pensons notamment aux groupes communautaires et aux lignes d'écoute. Ces services sont gratuits.

Il arrive qu'il faille conjuguer aide psychologique avec aide médicale. Étant donné la difficulté à avoir accès à un médecin de famille, vous pourrez toujours vous diriger vers une clinique qui offre la modalité *sans rendez-vous*, sinon le secteur privé propose moult services médicaux. En dernier recours, il sera toujours possible de consulter aux urgences d'un hôpital.

En somme, les enjeux ou facteurs de risque dont il a été question dans ce chapitre peuvent vous guetter non seulement à la retraite, mais tout au cours de votre vie. Certes, il existe d'autres possibilités : en fait, tout ce qui pourrait nuire à votre santé, à votre équilibre mental ou à votre bonheur. Des solutions sont à votre portée, n'hésitez pas à y recourir.

# Conclusion

Vous voilà rendu à la fin de la démarche préparatoire menant à votre retraite. Quel plan d'action envisagez-vous au cours des prochaines semaines ? Au cours des prochains mois ? Ou même des prochaines années ?

N'hésitez pas à revoir certaines sections pour les approfondir. Vous pourrez poursuivre votre cheminement à partir des aspects qui auraient été laissés en suspens. Que vous faudra-t-il explorer pour mieux vivre votre retraite ? Que craignez-vous le plus ? Servez-vous de ce que vous avez appris dans le cadre des activités proposées dans le livre pour avancer à votre rythme.

Au cas où vous penseriez ne pas avoir eu le temps de vous préparer adéquatement au cours de votre lecture, prenez l'engagement de le faire plus tard. Faites-vous parvenir un texto, un courriel ou une lettre en guise de rappel. Je vous invite aussi à consulter l'aide-mémoire de l'*Annexe B* pour vous guider vers votre retraite.

Maintenant que vous avez bien lu, écrit et réfléchi, vivez ! La retraite vous attend ! Faites-en un moment de plaisir. Célébrez les petits bonheurs. Donnez-vous le droit à l'erreur. Rien ne vous oblige à atteindre la perfection ni à suivre parfaitement ce que je vous ai recommandé ! Après tout, si vous n'avez à retenir qu'une seule chose à la suite de votre lecture, je souhaite que ce soit l'importance de vous connaître et de vous respecter suffisamment pour vivre en cohérence et en harmonie avec la personne que vous êtes. Alors, au besoin, *re-traitez* votre vie, et ce, peu importe votre âge ou le nombre d'années que vous aurez déjà passées à la retraite. Il n'est jamais trop tard ! C'est votre retraite, celle de personne d'autre !

# Épilogue : la retraite, c'est bien beau, mais après ?

Au moment de lire ces lignes, votre démarche préparatoire à la retraite sera sans doute accomplie ou grandement avancée. Il est temps maintenant d'aborder un dernier sujet : la vieillesse. Si j'ai dissocié ce chapitre du reste du livre, c'est en pensant aux très jeunes personnes retraitées, pour éviter de faire naître chez elles des craintes indues face à une réalité lointaine de leur perspective actuelle. Mais également aux personnes qui anticipent l'arrivée de la retraite et ne veulent pas devoir en plus entendre parler de la vieillesse et avoir à se projeter dans les questions liées à l'âge.

Cela dit, il est essentiel de traiter de ce sujet. Sans vouloir renforcer l'association qui est couramment faite entre la retraite et la vieillesse, je dois admettre le fait qu'un jour ou l'autre toutes deux finiront par se croiser.

Cet épilogue vise à vous sensibiliser à l'importance de préparer non seulement votre retraite, mais de prévoir aussi la suite de votre parcours de vie dont chaque étape comporte des défis. Ainsi, il faut vous préparer à vieillir et il sera avisé d'anticiper certaines décisions et d'envisager des avenues pouvant atténuer les difficultés liées à votre vieillissement. Faites preuve de proactivité et évitez de devenir victime des circonstances ou de devoir accepter les choix que d'autres feront pour vous. La retraite vous offre du temps pour prendre soin de votre avenir, ne passez pas à côté.

*« La vieillesse, c'est comme le reste, pour la réussir, il faut commencer jeune. »* — Fred Astaire

Puisqu'il est impossible de prévoir ce qui arrivera réellement, votre préparation doit circonscrire les éléments qui vous importent le plus. Pour le reste, il faudra vous ajuster à la réalité et peut-être penser revoir certaines solutions pour qu'elles correspondent à vos besoins du moment.

## VIEILLIR, POURQUOI PAS?

On devrait prendre soin de soi tout au long de la vie, seulement la jeunesse donne parfois l'illusion de l'éternité et nous négligeons d'anticiper la suite de notre parcours. Avec l'âge, nous assistons à un déclin de notre corps. Vers 35 ans, nous perdrions 1 % de l'activité de nos cellules chaque année[35]. Heureusement, nos capacités psychologiques et intellectuelles ne suivraient pas la même trajectoire de déclin. En effet, bon nombre des aptitudes cognitives résistent très bien au passage du temps, le jugement en serait un exemple. De même, la créativité artistique se développerait en continu chez certains individus. En réalité, ce n'est habituellement que dans une portion de la vieillesse que l'autonomie pose des défis par rapport aux autres aspects de notre existence.

*« Ce n'est pas parce que je suis un vieux pommier que je donne de vieilles pommes!»* — Félix Leclerc

Plusieurs personnes ont en tête une image voulant qu'à partir d'un certain âge, les gens soient considérés comme étant vieux. Cette conception viserait même certaines professions de façon draconienne (ex.: les gens qui font du sport de haut niveau, ou ceux qui paraissent sur les écrans de télévision et de cinéma).

---

35. Lamontagne, Yves (2014). *Une retraite épanouie: trucs et conseils pour s'y préparer*, Montréal, Québec Amérique, p. 32.

Si la société a du mal à accepter les signes visibles du vieillissement, paradoxalement, la clientèle du troisième âge s'avère intéressante pour certains secteurs de l'industrie. Le marketing qui vise les aînés représente un choix payant, particulièrement en ce qui a trait à la promotion immobilière et à l'investissement dans les résidences de type RPA (résidences privées pour aînés).

D'autres genres de commerces exploitent aussi la peur de vieillir en offrant des chirurgies à coûts exorbitants ou des crèmes miracles dites anti-âge comme s'il fallait contrer l'âge à tout prix. Vous aurez à choisir : les fuir ou les planifier dans votre budget, même si l'évitement du vieillissement avec des produits esthétiques ne constitue pas la meilleure avenue de contournement.

Ne voyez pas que l'aspect négatif aux changements physiques qui viennent avec l'âge ! Vous aurez à vous accepter ; votre image se transformera, quoi que vous fassiez. Ces transformations ne seront pas seulement négatives. La vieillesse, c'est plus que des bobos, même si ceux-ci peuvent devenir contraignants (ex. : la perte auditive, l'insomnie, l'ostéoporose, etc.). Dès que vous verrez apparaître les premiers signes de vieillissement, il vous sera bénéfique de vous concentrer sur le beau et d'utiliser des qualificatifs positifs à votre endroit. La nature a fait de vous un être unique. Un jour ou l'autre, votre visage affichera les signes de votre parcours de vie. Vos ridules feront état de votre histoire, des moments de joie et même de peine qui l'auront marquée. Les cheveux argentés inspirent la confiance et peuvent même mettre en valeur la douceur des traits. Déjà, prenez du temps pour vous attarder aux visages des personnes aînées qui vous entourent. C'est souvent ce qui émane d'elles qui en fait de belles personnes.

> *« Ne vous plaignez pas de vieillir, c'est un privilège refusé à beaucoup. »* — Mark Twain

Chérissez votre unicité et n'oubliez jamais que malgré les rides, le cœur ne vieillit pas. Votre personne intérieure demeurera la même en dépit du fait que votre image changera. Il se peut même qu'elle se bonifie en mettant à profit votre expérience de vie. La maturité et l'expérience font habituellement partie des éléments positifs liés au passage du temps.

En avançant en âge, vous disposerez d'un bagage vous permettant de mieux affronter les diverses épreuves de la vie, et vous accorderez davantage de place à l'être qu'au paraître.

Si l'apparence ne doit pas vous préoccuper outre mesure en vieillissant, il faut tout de même maintenir de saines habitudes de vie. Accordez-vous le temps de prendre soin de votre condition physique. Tablez aussi sur la stimulation de votre intellect. Un bon dosage concernant le choix de vos activités y contribuera. Faites des choix sains sans attendre qu'apparaissent les premiers signes de déclin. Nul besoin de devenir hypocondriaque pour autant.

## Les personnes âgées, des êtres asexués?

Parmi les éléments à considérer, il y a aussi ceux en lien avec la sexualité. Les changements physiques et hormonaux pourraient modifier votre désir sexuel. Si la baisse d'hormones affecte celui de plusieurs femmes, les dysfonctions érectiles liées à des maladies ou consécutives à la prise de médicaments pourraient concerner certains hommes. Ce type d'enjeu commence habituellement bien avant le moment de la retraite, avec l'arrivée de la ménopause et de l'andropause, mais peut encore se faire sentir des années plus tard.

Le dialogue avec votre partenaire permettra d'explorer de nouvelles avenues lors de vos ébats amoureux. Lorsqu'on avance en âge, l'intimité et la sensualité importent plus que la performance lors des rapports sexuels. Les films *Il pleuvait des oiseaux* et *Nos âmes la nuit,* réalisés respectivement par Louise Archambault et Ritesh Batra, offrent à cet égard des exemples savoureux.

Bien des jeunes s'imaginent que les aînés deviennent asexués. Détrompez-vous, le sexe ne meurt pas avec l'âge, même si dans certains cas le soutien de la petite pilule bleue contribue aux performances.

## Vivre au château ou dans le caniveau?

En avançant en âge, vous pourriez voir bon nombre de vos besoins changer, il en sera de même pour certaines de vos capacités. Si vous habitez dans une maison individuelle, il est possible que l'espace soit devenu trop grand, que l'entretien demande trop d'énergie ou que les services dont vous aurez besoin pour le faire ne soient pas disponibles. Il est aussi possible que vous préféreriez disposer de l'argent de la vente de votre maison pour vous rendre la vie plus douce. Si vous habitez en appartement, les défis pourraient être autres. La solitude, le besoin de soins spécialisés ou toute autre raison pourraient vous inviter à revoir vos besoins de logement. Voir venir cette éventualité pourrait vous permettre de faire un choix plus judicieux le temps venu.

Le confinement obligatoire vécu lors de la pandémie de la COVID-19 a fait réaliser à plusieurs que leur liberté aurait été moins entravée s'ils avaient vécu dans leur propre résidence, malgré le fait que beaucoup se disent heureux de se retrouver dans un milieu sécuritaire telles les RPA, d'y rencontrer leurs pairs et d'y recevoir des services leur permettant de consacrer plus de temps à des loisirs.

Divers choix de logement pourraient s'offrir à vous. Au Québec, on parle de plus en plus de maisons intergénérationnelles. Des enfants accueillent leurs parents dans une partie existante de leur maison ou y ajoutent une section spécifique. La possibilité d'opter pour des minimaisons va dans le même sens. Dans le contexte d'un usage intergénérationnel, elles sont construites, pour les parents, dans la cour de la résidence de leurs enfants. Bon nombre de municipalités acceptent ces options dans leurs règlements de zonage. Lorsque cette avenue n'est pas envisageable, des personnes choisissent simplement de déménager à proximité de leur progéniture. Pour certaines, cela est rassurant de se savoir proches de leur famille. Au surplus, cette proximité favorise souvent des liens plus étroits avec les petits-enfants.

En France, un des modèles développés consiste en des appartements intergénérationnels. Ce concept de solidarité invite des personnes âgées à mettre une chambre à la disposition de jeunes qui n'ont pas les moyens de payer les frais mensuels d'un appartement. Ces derniers cohabitent avec les personnes âgées pour un montant bien en deçà du prix habituel d'un loyer. Il y en a même qui sont accueillis gratuitement en échange de menus services.

### BREF COUP D'ŒIL SUR LE RÉEL

De plus en plus, des projets sortent des sentiers battus. Au Texas, un groupe d'amis a construit un village leur permettant de vivre ensemble et de s'entraider. Au Danemark, un concept hôtelier intergénérationnel a été développé pour loger les personnes en grande perte d'autonomie. À Montréal, il existe des logements qui proposent un milieu de vie jumelant des locataires âgés, des célibataires et des familles. Un couple de ma connaissance a vendu sa maison pour habiter un campeur, passant l'hiver en Floride et l'été au Québec. En s'obligeant à des possessions minimalistes, ces gens ont réduit le temps passé à faire l'entretien de leur milieu de vie. Une Américaine septuagénaire a même vendu sa maison pour habiter de façon permanente sur un bateau de croisière! Dans le même esprit, un retraité européen a décidé de passer le reste de sa vie à l'hôtel, jugeant que c'était moins coûteux que de vivre dans une maison de retraite.

Et pourquoi ne pas envisager le modèle de colocation que vous avez peut-être adopté à l'époque de vos études ? Vous pourriez envisager cette avenue lorsque vous quitterez votre maison, soit pour briser la solitude, soit pour boucler vos fins de mois. Un tel projet pourrait contribuer à prolonger votre autonomie.

Prenez le temps d'analyser les bénéfices de chaque possibilité pour voir ce qui convient le mieux à votre situation. Posez-vous ces questions :

- À quel moment prévoyez-vous vendre votre maison si vous en avez une ?
- Déménager dans une demeure plus petite, est-ce envisageable ?
- Sera-t-il préférable de ne pas le faire si votre maison actuelle vous permet de vous loger à petit prix et qu'elle est libre d'hypothèque ?
- Et pourquoi ne pas envisager l'offre des RPA ?
- Une autre option est-elle envisageable pour vous ?

Évitez de ne vous laisser guider que par des suggestions à saveur surprotectrices. Enfin, bien que votre analyse doive prendre en compte vos besoins, elle ne pourra faire fi de l'offre disponible. Peu importe votre choix, attendez-vous à vivre des deuils au moment de quitter votre maison. Si vous y êtes préparé, ils pourraient être plus faciles à vivre, étant donné que cette décision sera prise pour le mieux.

## Une béquille ou une main gentille?

Si votre santé vient à laisser à désirer et que vos capacités s'amoindrissent, demeurer à domicile pourrait nécessiter l'apport d'un soutien externe. L'entretien de votre maison risque de devenir un fardeau, et il faudra envisager de vous adjoindre des gens pour effectuer certains travaux. Le plus possible, dans vos plans, vous aurez avantage à viser le maintien maximal de vos acquis. Il sera également avisé de ne pas compter sur vos proches pour prendre soin de vous, même si leur présence constituera toujours un facteur de protection. Vos enfants ont leur propre vie et des responsabilités qui les occupent déjà passablement. Le mieux sera d'espérer qu'ils maintiennent avec vous une relation affectueuse basée sur l'amour et le plaisir d'échanger. Même chose si vous partagez votre vie avec quelqu'un. Éviter de devenir un poids ne signifie toutefois pas de s'abstenir de faire certaines demandes d'aide.

Il ne faudra pas trop tarder à procéder à l'ouverture d'un dossier auprès de l'organisme fournisseur de soins de votre région (ex. : CISSS[36]), surtout si vos capacités risquent de nécessiter des soins à domicile dans un proche avenir. Une évaluation permettra de déterminer vos besoins et ce à quoi vous avez droit. Éventuellement, votre état requerra-t-il du soutien à domicile ou un placement (ex. : ressource intermédiaire ou CHSLD[37]) ? Souhaiterez-vous bénéficier de services publics ou privés ? Ce sont là des questions qu'il faudra peut-être vous poser. Les listes d'attente permettant d'obtenir de tels services sont souvent longues, alors n'attendez pas à la dernière minute. N'oubliez pas que peu importe votre âge, il est légitime de faire connaître vos besoins et de rappeler aux gens intéressés que vous êtes une personne avant tout et non seulement un objet de soins.

Rien ne vous empêchera de créer votre propre modèle de soutien. Ainsi, vous pourriez envisager de nouvelles perspectives en ayant notamment recours aux technologies (ex. : la télésurveillance, la télémédecine, les maisons intelligentes). L'Université de Sherbrooke s'est dotée d'un centre de recherche et d'un laboratoire multidisciplinaire, tous deux spécialisés dans l'assistance automatisée aux personnes en état de déficit cognitif. Leurs thèmes de recherche concernent l'assistance cognitive, la télévigilance, les habitats intelligents

---

36. Centre intégré de santé et de services sociaux.
37. Centre d'hébergement et de soins de longue durée.

et les services personnalisés géoréférencés[38]. Le futur nous réserve sans doute de belles perspectives. Dans cet esprit, essayez de vous tenir à la page au plan technologique pour pouvoir profiter au maximum de l'offre qui sera disponible.

Les choix que vous ferez, tant en ce qui concerne le logement que les mesures de soutien, seront modifiables, mais la possibilité de les actualiser demeurera partiellement tributaire des offres disponibles. Lorsque la main-d'œuvre se raréfie, il devient incontournable de débourser d'importantes sommes pour susciter l'intérêt de bonnes candidatures.

Les budgets consacrés aux soins à domicile sont souvent loin de correspondre aux souhaits exprimés par la plupart des personnes âgées qui demandent à habiter chez elles le plus longtemps possible pour idéalement y finir leurs jours. D'importantes réflexions sociales et politiques sont toujours à faire en ce qui a trait à la situation des plus vulnérables. Restez à l'affût, car, à ce jour, votre bulletin de vote demeure votre meilleur porte-parole.

---

38. Université de Sherbrooke. *Domotique intelligente.* Récupéré le 3 septembre 2021 de https://www.usherbrooke.ca/informatique/recherche/domaines-de-recherche/domotique-intelligente.

## Conduire, c'est permis ou pas?

Parmi les pertes inévitables liées à l'âge, la résiliation du permis de conduire affecte bon nombre de personnes. Bien que de moindre importance en comparaison de certaines autres pertes (ex. : celle d'un être cher), ne plus avoir accès à ce symbole d'indépendance fortement lié à l'autonomie et au contrôle sur la vie peut être difficile à avaler.

Il ne faudra toutefois pas en tenir rigueur au médecin qui exigera un test de conduite ou à vos proches qui vous exhorteront à laisser votre véhicule de côté. Redonner vos clés n'est pas honteux, c'est une question de sécurité.

Mon frère médecin, Jean-François, dit qu'une bonne façon de savoir s'il faut ou non faire évaluer vos aptitudes à la conduite est de poser la question suivante à vos proches : *Laisseraient-ils leurs enfants sur la banquette arrière de la voiture que vous conduisez ?* Si leur réponse est non, voici venir le temps de faire preuve de sagesse !

Planifiez l'éventualité de la perte de votre permis pour éviter d'en devenir victime. En conservant un bon réseau social, vous pourrez compter sur l'aide d'autrui pour certaines sorties. Dans le cas contraire, il sera toujours possible d'affecter les sommes auparavant destinées à l'usage de votre véhicule à des déplacements en taxi ou aux transports en commun. Vous verrez, ce ne sera pas beaucoup plus cher que l'addition de toutes les dépenses liées à un véhicule, même que le transport en commun vous fera faire des économies et contribue à la protection de l'environnement. Vous feriez d'une pierre deux coups !

## LE MENTAL, ENCORE ?

La vieillesse est souvent vue comme un processus dynamique où chaque période comporte des crises qui enrichissent l'individu en dépit des pertes physiologiques. Étant donné que certaines épreuves requerront de votre part plus de dépenses énergétiques psychiques pour vous adapter, notamment les deuils liés aux pertes diverses, il importera de continuer de veiller à votre bien-être mental.

Globalement, c'est votre état d'esprit qui, en dépit des difficultés et des pertes, vous permettra d'accueillir les années avec sérénité. Prenez soin de vous dès aujourd'hui. Acceptez le processus de vieillissement et axez votre attention sur l'instant présent, sur le positif, si petit soit-il.

Ainsi, certaines personnes diront avec une pointe d'humour qu'elles sont vintages ou qu'elles entreprennent une seconde vie plutôt que de dire qu'elles sont vieilles. Dans le même esprit, d'autres se définiront comme des *sexygénaires.* J'aime bien une affirmation que j'avais vue passer sur Facebook : *Je n'ai pas 60 ans, je suis un jeune de 16 ans avec 44 années d'expérience !* Tout est question de perspective ! Comme Janette Bertrand s'emploie à le dire, n'oubliez pas que dans le mot *vieillesse,* il y a le mot *vie.* Il faut profiter du chemin parcouru, de toutes les occasions de célébrer le privilège d'être encore là et surtout, ajouter de la vie à vos années.

## Vivre malgré tout

Une personne sur quatre vivra de courtes périodes dépressives à la retraite. Ces épisodes risquent d'être liés aux pertes relatives au vieillissement, aux deuils liés à la fin de la vie active au travail, au déclin des capacités physiques ou cognitives, à la résiliation du permis de conduire, à la vente de la résidence familiale et au départ des enfants de la maison. Toutes sont des pertes inévitables de la vie humaine. Outre ces deuils, d'autres contextes rendront les individus plus à risque de dépression, dont la solitude.

Peu importe votre âge et votre situation, employez-vous dès maintenant à conserver le goût de vivre, à trouver des solutions à vos problèmes sinon des ressources pour vous soutenir, afin d'en faire des habitudes. Bien des personnes âgées hésitent à le faire, arguant qu'elles ne veulent pas déranger, convaincues qu'en raison de leur âge, leurs problèmes sont de moindre importance… Il va de soi que cette croyance est injustifiée.

L'humour pourrait devenir un précieux allié pour agrémenter les journées de petites bulles de plaisir et contribuer à réduire l'isolement. L'autrice Antonine Maillet déclarait, à plus de 90 ans, que son âge la réjouissait puisque, rendue à ce moment de la vie, elle suscitait le respect des gens et pouvait tout se permettre, n'ayant plus rien à prouver[39].

Sachez reconnaître votre valeur. En tant que personne à la retraite, vous disposerez d'une riche expertise à partager. Vous avez été témoin de bon nombre d'événements, vous en avez vécu aussi. Vos références pourront être utiles, même s'il ne faut pas pour autant les imposer. Vous devrez vous concentrer sur le beau, sélectionner l'agréable et le précieux dans votre malle à souvenirs.

## On n'échappe pas à la mort

En vieillissant, on en vient à considérer la mort comme inévitable. Cette conscience de notre finitude s'accentue fréquemment après le décès d'un proche dont l'âge se situe dans la même fourchette que nous. Pour certaines personnes, cette réalité suscite une urgence de vivre. La vieillesse devient alors pour plusieurs un accélérateur plutôt qu'un frein. Ce sera aussi l'époque des bilans, le moment de faire le point sur votre vie, d'être en paix avec vous-même et avec les autres.

---

39. « Entrevue avec Antonine Maillet », *Plus on est de fous plus on lit* à la radio de Radio-Canada. Récupéré le 20 août 2022 de https://ici.radio-canada.ca/ohdio/premiere/emissions/plus-on-est-de-fous-plus-on-lit/episodes/647334/rattrapage-du-vendredi-12-aout-2022.

Si on y réfléchit bien, c'est la mort qui donne l'importance à la vie. Cette affirmation, bien qu'elle puisse paraître crue, invite principalement à concevoir la fin de la vie avec sérénité (pas toujours facile, je sais...).

*« Un être humain qui est bien équipé pour vivre, c'est un être humain qui sait mourir. Qui sait qu'il va mourir, et qui apprivoise cette idée. »*
— Serge Bouchard

L'espérance de vie ne s'accroît que depuis quelques décennies chez les hommes, tandis que le phénomène s'observe depuis plus longtemps chez les femmes. L'écart entre les genres tend à se réduire au fil du temps[40].

Malgré cela, attendez-vous à vivre de plus en plus de deuils, notamment la perte de vos parents, de votre partenaire de vie ou même celle de vos enfants. Chaque individu les vivra à sa façon et selon sa réalité.

Plusieurs seront également confrontés au deuil blanc. Cela arrive lorsque quelqu'un atteint de la maladie d'Alzheimer ou de tout autre trouble cognitif majeur est toujours en vie, mais n'est plus tel qu'on l'a connu. C'est

---

40. Tiré de l'Institut de la statistique du Québec. Récupéré le 12 mars 2020 de https://www.stat.gouv.qc.ca/docs-ken/vitrine/vieillissement/index.html?theme=population&tab=2.

un peu comme si cette personne était morte sans l'être vraiment[41]. Cette perspective douloureuse a de quoi susciter une crise existentielle, surtout chez les individus qui occupent le rôle d'aidant naturel.

## Prévoir pour ne pas se faire avoir

Pour bien préparer l'avenir, il faudra envisager des actions administratives. Ainsi, il sera avisé de mettre vos papiers à l'ordre, puisqu'un jour ou l'autre il faudra envisager votre sortie de scène ! Lorsque vous serez prêt, informez vos proches de vos volontés pour qu'ils puissent les prendre en compte, le cas échéant. Si vous êtes célibataire et sans enfant, vous devrez trouver une personne de confiance pour s'occuper de la gestion de vos affaires. N'ayez crainte, préparer votre fin de vie ne vous fera pas mourir !

Il est suggéré de constituer un dossier qui, selon vos besoins, comportera trois ou quatre sections. La première comprendra des indications sur la façon dont vous souhaitez que se passent vos funérailles. Quand vous serez prêt, notez explicitement vos dernières volontés (ex. : une cérémonie selon vos croyances, la gestion de votre sépulture). Certaines personnes opteront pour des arrangements funéraires préalables. En convenant

41. Cet aspect du deuil blanc est traité dans mon roman *Et si la vie c'était maintenant ?*

à l'avance des détails entourant la suite de votre décès, vous libérerez vos proches de cette tâche. Si ce n'est pas déjà fait, autorisez aussi le don de vos organes et prévenez votre entourage de votre décision pour éviter les mauvaises surprises !

La deuxième section de ce dossier regroupera vos données personnelles importantes (ex. : vos comptes bancaires). Il faudra y noter vos différents mots de passe en évitant de les rendre trop facilement accessibles. Il serait peu avisé de laisser cette liste parmi les fichiers qui se trouvent dans votre ordinateur, le vol d'identité et de données informatiques étant malheureusement chose courante. Ainsi, vous pourriez la placer sur une clé USB et l'archiver dans un coffret bancaire.

Pour ce qui est de la troisième section de votre dossier de planification, elle devra regrouper les documents utiles à votre liquidateur de succession (ex. : votre testament, vos assurances, la liste de vos biens et de vos dettes). Il faudra également penser à votre patrimoine numérique en précisant ce que vous souhaitez que la personne désignée comme liquidatrice fasse de votre compte Facebook ou de vos photos, par exemple.

Une quatrième section pourrait être ajoutée à votre dossier, celle-ci portant sur vos volontés en cas d'inaptitude. Vous pourriez y inscrire le résumé de votre dossier médical (ex. : des données liées à votre condition de santé, les examens que vous avez passés, les médicaments que vous prenez) ainsi que les coordonnées des professionnels concernés. Vous devrez y aborder la façon dont vous souhaitez vivre lorsque vos capacités diminueront ou que vous ne serez plus en mesure d'exprimer vos désirs. Par exemple, le niveau de soin désiré ou des spécificités concernant une éventuelle demande d'aide médicale à mourir, et ce, malgré le fait que ces vœux devront être réaffirmés le moment venu.

Ce dossier sera à mettre à jour une fois l'an ou lorsque vous souhaiterez modifier des aspects ayant une incidence importante sur les décisions vous concernant. Chaque fois, il vaudra mieux le ranger en un lieu sûr et connu de vos proches. Cela leur facilitera la tâche advenant votre décès subit ou une incapacité de votre part. Si vous n'avez pas déjà rédigé de testament ou de mandat d'inaptitude, procédez sans tarder, surtout si vous avez des enfants ou vivez en couple sans contrat de mariage. Au cas où votre situation serait complexe ou sujette à différends, il sera prudent de produire des documents notariés.

## S'affirmer avant tout

Réfléchissez à la sorte de personne âgée que vous souhaitez devenir. En vieillissant, refusez qu'on vous infantilise ou qu'on fasse preuve d'âgisme à votre endroit. Veillez à votre bien-être. Il sera important que vous occupiez votre place tout en évitant de vous arroger des privilèges abusifs en raison de votre âge.

Il arrive que des personnes âgées soient victimes de violence ou d'intimidation et parfois même sans le réaliser. La maltraitance prendra la forme de violence psychologique, physique ou financière. En aucune circonstance la peur ne devrait constituer une raison suffisante pour renoncer à la dénoncer ou à demander de l'aide, même si les mauvais traitements sont le fait de proches. Cette assertion vaut autant pour les victimes que pour les témoins. Évitez aussi de laisser la naïveté ou votre grand cœur vous amener à vous laisser abuser. Certaines personnes sont devenues expertes pour manipuler les aînés (pensons à l'arnaque des grands-parents).

Dès maintenant, ayez la sagesse de demeurer calme en profitant de l'instant présent et en accueillant chaque jour aussi sereinement que possible. Une attitude positive face au vieillissement et une ouverture aux changements pourront vous aider à profiter pleinement de la vie.

Jeune ou pas, n'abandonnez jamais vos rêves, même si la vie nous oblige parfois à en repenser certains. Apprenez à vivre comme si chaque jour était le dernier. Vivement la vie !

## Remerciements

Merci à toi, Gilles Robitaille, mon conjoint, d'avoir soutenu mon projet d'écriture. Ta prédiction voulant que j'aie une retraite fort occupée était juste. Tu me connais bien…

Merci à ma famille et à mes proches pour votre soutien indéfectible. Vous contribuez à faire de moi une meilleure personne.

Merci à mes amies Julie Hudon, Nicole Ouellette, Lise St-Gelais et Monique Tremblay de m'avoir donné vos commentaires avisés sur mes versions préliminaires. Cet exercice d'humilité est un cadeau qui m'a permis de porter un regard neuf sur mon travail.

Merci à Jacqueline Jolicœur du service des ressources humaines du Centre de services scolaires de la Beauce-Etchemin (CSSBE) de m'avoir proposé d'animer l'atelier de préparation psychologique à la retraite. La démarche nécessaire à la mise sur pied de cet atelier a inspiré l'écriture de ce livre.

Merci à Yves K. Laflamme, gestionnaire à la retraite du CSSBE, qui a animé cet atelier pendant plusieurs années avant que je prenne le relais. Sans qu'il le sache, son approche positive a facilité mon propre passage à la retraite et a inspiré l'esprit de mon animation.

Merci aux Éditions de Mortagne de m'avoir donné la chance de vivre la belle aventure de l'édition. Merci notamment à Sandy Pellerin, Valérie Gagné, Caroline Louisseize, Chloé Poitras, Jade Lavoie, Karine Chevrier et Élaine Parisien pour leur soutien bienveillant et leurs suggestions fort avisées.

D'autres personnes ont aussi contribué directement ou indirectement à cet ouvrage, notamment mon frère, Jean-François, pour la prise de la photo de la quatrième de couverture et ma belle-sœur, Lise St-Gelais (encore elle), pour la coiffure et le maquillage indispensables à cette opération. Je souligne également la contribution des personnes qui ont accepté que je mentionne leurs propos dans mon livre, de celles qui ont participé aux ateliers de préparation à la retraite ainsi que d'amis Facebook avec lesquels j'ai pu échanger. Vos réflexions ont enrichi mon propos en facilitant ma compréhension à l'égard des diverses préoccupations liées à la retraite.

Merci à la vie de m'avoir donné la chance de mener à bien ce projet et de vivre l'aventure de l'édition !

Si vous avez envie de m'écrire pour me donner vos commentaires, vous pouvez me joindre sur ma page Facebook *Anne Julien Auteure.*

*Anne Julien*

# Annexe A

## EXEMPLES D'ACTIONS POUVANT CONTRIBUER À RÉDUIRE MES DÉPENSES

| Actions | Précisions |
|---|---|
| Revoyez l'ensemble de vos dépenses. | Vous trouverez sans doute des postes budgétaires où une réduction de dépenses semblera possible, si petite soit-elle. |
| Consultez votre spécialiste en finance. | Recevoir des conseils au sujet des impôts ou des placements peut être plus utile que vous ne le pensez. L'investissement en vaut souvent la peine. |
| Cherchez les meilleures offres lors du renouvellement de vos assurances. | Discuter avec votre compagnie d'assurances vous permettra peut-être de faire certaines économies. Regrouper vos différentes couvertures (ex.: auto, habitation) pourrait vous valoir un rabais intéressant. |

| Actions | Précisions |
|---|---|
| Explorez les activités gratuites ou à faible coût. | Les journées de la culture, journées des musées ou certains festivals sont autant d'activités intéressantes et parfois gratuites. |
| Prévoyez faire vos achats ou vos sorties en fonction du calendrier des rabais. | Des rabais sont souvent consentis aux personnes du troisième âge et parfois dès 50 ans.<br><br>Si un commerce offre un rabais le premier mardi du mois, attendez ce moment pour y faire vos achats. De la même façon, pourquoi aller au cinéma le jeudi si le mercredi est à moitié prix? |
| Examinez les circulaires en ligne ou en format papier pour dénicher les soldes et utilisez les bons de réduction. | Choisissez en priorité des aliments de base qui sont en solde et que vous pourrez cuisiner. Prévoyez un menu pour éviter le gaspillage.<br><br>Attention de ne pas surconsommer pour profiter desdits rabais. |
| Profitez des aubaines liées à vos cartes de fidélité. | Cela vaut la peine pourvu que vous ne consommiez pas plus que vos besoins, et ce, simplement pour accumuler des points. |
| Faites du troc. | Vous avez un don pour la cuisine et avez besoin de quelqu'un pour tondre la pelouse? Proposez un bon petit plat en échange. |
| Jardinez. | Participez à un jardin communautaire si vous n'avez pas l'espace requis chez vous.<br><br>Mettez le surplus de vos récoltes en conserve pour l'hiver. |

| Actions | Précisions |
|---|---|
| Revoyez les dépenses énergétiques. | Par exemple, fermez les lumières lorsque vous quittez une pièce, attendez que le lave-vaisselle soit plein pour l'utiliser; faites sécher vos vêtements dehors plutôt que d'avoir recours à la sécheuse.<br><br>Certains fournisseurs d'électricité offrent des outils pour vous permettre de visualiser votre dépense énergétique (ex.: Hydro-Québec). |
| Faites de la couture et réparez vos vêtements. | Achetez du tissu en solde ou récupérez celui de certains vêtements que vous ne portez plus. En plus d'économiser, vous porterez des exclusivités! Et rapiécez les morceaux que vous aimez; ils dureront plus longtemps. |
| Visitez les friperies, les marchés aux puces. | Établissez vos besoins d'avance pour éviter d'accumuler inutilement. |
| Départissez-vous de certains biens. | Faites une vente-débarras ou mettez des annonces sur les sites de vente en ligne (ex.: Kijiji, les PAC, Marketplace). |
| Ne conservez que votre téléphone cellulaire et annulez votre abonnement à un téléphone fixe. | Étant donné que la plupart des membres d'une famille possèdent leur propre cellulaire, il devient inutile d'avoir en plus un téléphone résidentiel. |
| Récupérez. | Gardez ce qui peut être utile, sans amasser compulsivement les objets. Écrire sur du papier recyclé, classer des objets dans des boîtes de livraison sont des moyens à votre portée. |

| Actions | Précisions |
| --- | --- |
| Retournez vos bouteilles consignées. | Même si cela représente peu d'argent, cela s'ajoute aux autres efforts financiers que vous faites. Vous contribuez également à prendre soin de l'environnement. |
| Regroupez vos déplacements. | Lorsque vous sortez, profitez-en pour régler l'ensemble de vos courses. |
| Covoiturez. | Quand c'est possible, avoir recours au covoiturage limitera vos dépenses d'essence. Il existe des sites Internet où vous pouvez vous inscrire tant pour reconduire les autres que pour vous faire reconduire (ex.: Amigo Express). Vous pourrez même envisager de vous départir de votre auto. |
| Effectuez vos déplacements à pied ou à vélo. | De cette manière, vous pourrez prendre le temps de profiter des bienfaits de l'environnement tout en le protégeant. De surcroît, cela vous servira d'activité physique. |
| Participez à des cuisines collectives. | Cela peut rendre la préparation de repas plus agréable et moins coûteuse. Vous pouvez aussi le faire bénévolement pour des organismes qui contribuent aux besoins de votre communauté. |
| Louez des outils plutôt que de les acheter. | Vous pouvez aussi emprunter ceux dont vous avez besoin et même prêter les vôtres. |
| Envisagez de recevoir certains soins ou services par des étudiants. | Les écoles de médecine dentaire et celles de coiffure et d'esthétique offrent parfois des soins à moindre coût. Le tout se fait sous la supervision des professeurs. Pourquoi ne pas encourager les jeunes en formation? |

| Actions | Précisions |
|---|---|
| Inscrivez-vous à la bibliothèque municipale. | Vous pourrez emprunter des livres sans frais (mais continuez tout de même d'acheter les miens). |
| Évaluez l'impact financier de la vente de votre maison. | Si votre résidence est déjà payée, il se peut que sa vente vous permette de vous loger à moindre coût, dans un logement ou une maison plus petite. La vente autonome vous permettra d'épargner les frais de courtage. |
| Achetez un jumelé avec un proche. | Vous pourrez ainsi vous entraider pour l'entretien et les réparations. Il va de soi que cela requiert une bonne entente au préalable. Selon votre âge, une maison intergénérationnelle pourrait aussi faire partie des options et favoriser les rapprochements avec votre famille tout en vous assurant une certaine sécurité. |
| Prenez votre café à la maison plutôt que de l'acheter chaque jour au restaurant. | Un café à environ 2 $ par jour totalise un peu plus de 700 $ par an. C'est presque le prix d'un billet d'avion... Tout est une question de priorité. |
| Voyagez hors des périodes achalandées. | Certains départs de dernière minute offrent de meilleurs tarifs, mais demandent un esprit plus aventureux !<br><br>Évitez l'achat de souvenirs qui risquent de finir au recyclage... |
| Voyagez avec des groupes d'aide humanitaire. | Vous payez votre billet, mais le logement et la nourriture sont habituellement fournis moyennant des heures de bénévolat. |

# Annexe B

## AIDE-MÉMOIRE RELATIF À LA PRISE DE RETRAITE

Cette liste vise à vous rappeler quelques éléments à prendre en compte au moment de passer à l'action et de prendre votre retraite. Lorsque le moment sera venu, vous pourrez la reproduire et cocher au fur et à mesure ceux qui sont réglés.

- Réfléchir aux raisons qui motivent mon départ à la retraite.

- En parler avec mon entourage.

- Vérifier que je réponds aux conditions administratives et que j'ai les moyens de quitter mon emploi. L'argent ne devrait pas être mon motif principal.

- Annoncer ma décision selon les règles de l'art.

- Faire les démarches associées à mon départ (lettre de démission, signatures).

- Préparer mon départ et assurer ma relève afin de quitter mon emploi de façon professionnelle, la tête haute et le cœur léger.

- Me rendre disponible pour accueillir les remerciements et les hommages. Penser aussi à remercier certaines personnes.

- Préparer ma nouvelle vie.

- Revisiter mes rêves et mes valeurs.

- Élaborer des projets dans le respect de ma personne (loisirs, occupations, études, travail, bénévolat ou autres).

- Veiller à poursuivre mon développement global.

- Être à l'écoute de mes réactions aux étapes d'adaptation que je traverse.

- Prendre en compte les enjeux qui me guettent, et mettre en place des stratégies pour me protéger.

- Demander de l'aide si j'en ai besoin.

- Savourer pleinement chaque moment.
- Me rappeler que je suis la personne la mieux placée pour assurer mon bonheur et que personne n'est parfait, même pas les personnes à la retraite !
- Exercer la bienveillance à mon endroit.

# Annexe C

## RESSOURCES DISPONIBLES

### Généralités

**Association québécoise de défense des droits des personnes retraitées et préretraitées**
www.aqdr.org

**Fédération de l'âge d'or du Québec (FADOQ)**
www.fadoq.ca
Ce site propose une section *aînés avisés*: https://aineavise.ca pour prévenir la fraude, la violence et l'intimidation. Il offre aussi une liste des rabais offerts dans plusieurs commerces.

**Ministère des services aux aînés et de l'Accessibilité**
www.ontario.ca/fr/page/guide-des-programmes-et-services-pour-les-personnes-agees

**Programmes et services pour les aînés du gouvernement du Canada**
www.canada.ca/aines
Une section traite de la santé physique.

**Question retraite**
www.questionretraite.ca

**Réseau d'information des aînées et aînés du Québec (RIAQ)**
www.riaq.ca

**Retraite Québec**
www.retraitequebec.gouv.qc.ca/fr/Pages/accueil.aspx
1 800 463-5533

## Santé et sécurité

**Au fil du temps**
aufildutemps.quebec/?utm_source=Cyberimpact&utm_medium=email&utm_campaign=Infolettre--11-avril-2023
Plateforme interactive réalisée par l'Ordre des psychologues du Québec pour mieux comprendre le vieillissement et favoriser la bienveillance envers les personnes âgées.

**Centre de prévention du suicide**
www.commentparlerdusuicide.com
1 866 APPELLE ou 277-3553
Cette section offre des trucs pour parler du suicide avec l'entourage.

**Éducaloi**
educaloi.qc.ca/dossier/aines
La section *Personnes aînées: petit guide pour vous y retrouver* regorge d'informations et de documents utiles spécifiques aux personnes aînées. Une section traite des soins de santé.

**Eugeria**
www.eugeria.ca
1 855 554-3742
Site de ressources (références, outils technologiques, etc.) pour les personnes en perte d'autonomie ou souffrant de troubles cognitifs. Une vraie mine d'or !

**Ligne Aide Maltraitance Adultes Aînés (LAMAA)**
www.aideabusaines.ca
1 888 489-2287

**Ligne d'écoute sur le deuil**
1 888 533-3845
Entre 10 h et 22 h, 7 jours sur 7.

**Ligne d'écoute téléphonique canadienne sur la prévention du suicide**
Ligne 988
Il est possible d'appeler ou d'envoyer un message texte 24 h/24, 7 jours sur 7.

**Tel-Aînés**
www.pensezcybersecurite.gc.ca/cnt/prtct-yrslf/prtctn-fml/snrs-nln-fr.aspx
514 353-2463
Site du gouvernement canadien sur la sécurité sur Internet pour les personnes âgées

## Activité physique

**AVA**
zoneava.ca

**MOVE 50 +**
www.move50plus.ca

**Le GO pour bouger**
santemontreal.qc.ca/population/conseils-et-prevention/activite-physique-pour-les-aines

## Emploi

**Emploiretraite.ca**
Ce site est gratuit pour les personnes à la retraite qui cherchent un emploi. Il y a même un guide à télécharger qui aide à la réflexion.

**Réseau emploi 50 ans+**
www.reseauemplois50ansplus.com

**Revenu de travail à la retraite**
www.budget.finances.gouv.qc.ca/budget/outils/revenu-travail-retraite-detail-fr.asp
Outil de calcul du ministère des Finances pour les gens à la retraite qui retournent au travail.

## Études

**Cours universitaire en ligne (MOOC, ou *massive open online course*)**
cours.edulib.org
www.ulaval.ca/les-etudes/mooc-formation-en-ligne-ouverte-a-tous

## Bénévolat

**Réseau de l'action bénévole du Québec**
www.rabq.ca/je-veux-faire-du-benevolat.php
www.rabq.ca/pourquoi-faire-du-benevolat.php

# Médiagraphie

ALLARD, Marc (2020). « Les chronophages », *Le Soleil*. Récupéré le 5 mai 2021 de www.lesoleil.com/chroniques/marc-allard/les-chronophages-eb783096080a9cb7667bdd9416f30f52.

ARMSTRONG, Sylvain (2020). « Vos papiers sont-ils en règle ? Dossier de planification personnelle », *Reflets : la revue de l'Association québécoise des retraité(e)s des secteurs public et parapublic*, p. 11.

ARSENEAULT, Catherine (2009). « Autour des départs à la retraite : le *bien cuit* comme rite de passage », *Ethnologies*, vol. 31, n° 1, p. 21-47. https://doi.org/10.7202/038499ar.

ATCHLEY (1976), dans SIMARD, Dany (2004). *L'impact de la retraite sur la satisfaction maritale : maîtrise en gérontologie*, mémoire de maîtrise, Faculté des lettres et des sciences humaines, Sherbrooke, Université de Sherbrooke, p. 6.

BARTHE, Jean-François, CLÉMENT, Serge, et DRULHE, Marcel (1990). « Vieillesse ou vieillissement ? Les processus d'organisation des modes de vie chez les personnes âgées », *International Review of Community Development / Revue internationale d'action communautaire*, vol. 63, nº 23, p. 35-46.

BEAULIEU, Danie (2014). *Techniques d'impact pour grandir : des illustrations pour développer l'intelligence émotionnelle chez les adultes*, Montréal, Les éditions Québec-Livres, 224 p.

BEAULIEU, Julie (16 août 2018). *L'anxiété : mieux comprendre pour agir*, conférence donnée à la Polyvalente de Saint-Georges, Commission scolaire de la Beauce-Etchemin.

BERNIER, Louise (2014). *La puissance de retraiter sa vie*, Québec, Les éditions NKS – Le vent dans les voiles, 169 p.

BERTRAND, Janette (2016). *La vieillesse par une vraie vieille*, Montréal, Libre Expression, 303 p.

BOULANGER, Luc (2020). « Fernand Dansereau : "La vieillesse est une deuxième adolescence !" », *La Presse*. Récupéré le 23 septembre 2020 de www.lapresse.ca/cinema/entrevues/2020-04-27/fernand-dansereau-la-vieillesse-est-une-deuxieme-adolescence.

BOYD, Denis, et BEE, Helen (2017). *Les âges de la vie*, 5ᵉ édition, Montréal, ERPI, 564 p.

BRETON, Brigitte (2020). « Manque d'intérêt pour le "vieux" », *Le Soleil*. Récupéré le 6 juin 2020 de www.lesoleil.com/chroniques/brigitte-breton/manque-dinteret-pour-le-vieux-9989cfef81538219d66c4c6fcb569db0?utm_campaign=lesoleil&utm_medium=article_share&utm_source=email.

BROWN, Paloma Soria (2019). « La sieste, réappropriation de soi », *Le Devoir*. Récupéré le 16 août 2019 de www.ledevoir.com/societe/560457/la-sieste-reappropriation-de-soi.

CENTRE D'ACTION BÉNÉVOLE. *Pourquoi faire du bénévolat.* Récupéré le 30 juillet 2019 de www.rabq.ca/pourquoi-faire-du-benevolat.php.

COMTOIS, René-Louis (2015). *Principes fondamentaux de la gestion du temps,* conférence prononcée au Georgesville pour l'Association des cadres scolaires de la Commission scolaire de la Beauce-Etchemin, Saint-Georges.

DE RAVINEL, Hubert (1991). *Le défi de vieillir,* Montréal, Les Éditions de l'Homme, 221 p.

DESSAINT, Marie-Paule (2011). *Cap sur la retraite : 25 points de repère pour franchir les transitions,* Montréal, Flammarion Québec, 346 p.

FONSECA, Raquel, MORIN, Hugo et MORO-EGIDO, Ana I. (2021). *Stress and Retirement,* Montréal, Center for Inter-university Research and Analysis in Organizations, 31 p.

FORTIN, Bruno (2016). « Le refus de vieillir », *Psychologie Québec,* vol. 33, n° 4, p. 62.

GAGNON, Sophie (2019). « Le blues de la retraite, non merci ! », *Magasine Virage,* vol. 29, n° 2, p. 24-26.

GAGNON-CORBEIL, Janine (2020). « La vieillesse n'est pas une maladie », *La Presse.* Récupéré le 15 novembre 2023 de www.lapresse.ca/debats/opinions/2020-09-13/la-vieillesse-n-est-pas-une-maladie.php.

GRAMMOND, Stéphanie (2020). « Comment garder les boomers au boulot ? », *La Presse.* Récupéré le 5 février 2020 de www.lapresse.ca/affaires/202002/04/01-5259604-comment-garder-les-boomers-au-boulot-.php.

GROU, Christine (2020). « Le bonheur n'est pas un long fleuve tranquille », *Journal de Montréal.* Récupéré le 6 janvier 2020 de www.journaldemontreal.com/2020/01/04/le-bonheur-nest-pas-un-long-fleuve-tranquille.

GUILLEMARD, et Rein (1993), dans TAJEDDINE, Samer (2014). *Étude des facteurs associés à la détresse psychologique lors de la transition des aînés vers la retraite,* mémoire de maîtrise, Faculté de médecine, Montréal, Université de Montréal, p. 5.

HAZEL, Myriam (2018). *Raisons de travailler chez les 60 ans et plus.* Récupéré le 4 septembre 2019 de www150.statcan.gc.ca/n1/pub/71-222-x/71-222-x2018003-fra.htm.

HENRIQUEZ, Rose Carine (2019). « Éloge du temps mou ? », *Le Devoir.* Récupéré le 30 septembre 2019 de www.ledevoir.com/société/santé/5633801/eloge-du-temps-mou.

JOLY, Nathalie Audrey (2004). *Impact du caractère volontaire et involontaire du départ à la retraite sur le bien-être psychologique et le fonctionnement social des retraités : maîtrise en gérontologie,* mémoire de maîtrise, Faculté des lettres et des sciences sociales, Sherbrooke, Université de Sherbrooke, 137 p.

JULIEN, Anne (2018). *Et si la vie c'était maintenant ?* Québec, Le Travailleur futé, 677 p.

LACOURSIÈRE, Ariane (2021). « Des CHSLD nouveau genre pour contrer la vague », *La Presse,* Récupéré le 19 octobre 2021 de www.lapresse.ca/actualites/sante/2021-10-11/la-presse-au-danemark/des-chsld-nouveau-genre-pour-contrer-la-vague.php.

LAFLAMME, Yves K. (2014). *Formation préparatoire à la retraite : aspect psychosocial [Document inédit],* Commission scolaire de la Beauce-Etchemin, 24 p.

LAFRAMBOISE, Andréanne (2019). *Vivre une retraite épanouie : l'influence des besoins psychologiques dans différentes sphères de vie sur le bien-être psychologique pendant la retraite,* thèse de doctorat, Faculté de psychologie, Montréal, Université du Québec à Montréal, 187 p.

LAMONTAGNE, Yves (2014). *Une retraite épanouie : trucs et conseils pour s'y préparer,* Montréal, Québec Amérique, 160 p.

LUPIEN, Sonia (7 avril 2016). *Gestion, stress et employés,* conférence prononcée dans le cadre du colloque AQCS (Association québécoise des cadres scolaires), Centre de congrès Hilton. Québec.

LUPIEN, Sonia (2007). *Stress, mémoire et vieillissement: un cours de Sonia Lupien en 2007.* Récupéré le 14 octobre 2019 de www.douglas.qc.ca/videos/24.

MARCOUX, Lyson (2020). « Les troubles dépressifs et anxieux chez les personnes âgées: étiologie, diagnostics différentiels et interventions », *Les cahiers du savoir,* n° 1, Mont-Royal, Ordre des psychologues du Québec, p. 66-72.

MARLEAU, Isabelle (2023). « Le risque suicidaire », *Psychologie Québec,* Mont-Royal, Ordre des psychologues du Québec, p. 10-12.

MARTEL, Diane (2017). *C'est grave ou c'est plate ? Et l'art d'élever la voix lorsque ça va bien et de la baisser lorsque ça va moins bien,* Canada, À compte d'auteur, 379 p.

MCSWEEN, Pierre-Yves (2018). *En as-tu vraiment besoin ?* Laval, Saint-Jean éditeur, 376 p.

MERCIER, Lucie (2000). *À la retraite, re-traiter sa vie,* Montréal, Les Éditions de l'Homme, 165 p.

MONBOURQUETTE, Jean (1983). *Aimer, perdre et grandir: l'art de transformer une perte en gain,* Saint-Jean-sur-le Richelieu, Les Éditions Richelieu, 147 p.

MORIN, Edgar (1983). « Vieillissement des théories et théories du vieillissement », *Communications,* vol. 37, p. 203-211. Récupéré le 25 janvier 2022 de https://doi.org/10.3406/comm.1983.1562 / www.persee.fr/doc/comm_0588-8018_1983_num_37_1_1562.

PAPALIA, Diane E., et OLDS, Sally W. (1983). *Le développement de la personne,* 2e édition, Montréal, Les Éditions HRW, 556 p.

PERKINS, Dennis N. T. (2003). *Leadership sous 0°,* Gatineau, Éditions du trésor caché, 236 p.

PERRAULT, Mathieu (2019). « Le secret pour vivre vieux ? L'optimisme, révèle une étude », *La Presse.* Récupéré le 26 septembre 2021 de www.lapresse.ca/actualites/sante/2019-08-27/le-secret-pour-vivre-vieux-l-optimisme-revele-une-etude.

PISTORIO, Marc (2020). *Connecté à soi, connecté aux autres,* Québec, Édito, 234 p.

PLAMONDON, Louis, et PLAMONDON, Gilles (1980). « Pour une problématique de la crise de retraite », *Santé mentale au Québec,* vol. 5, nº 2, p. 12-21. https://doi.org/10.7202/030072ar.

POIREL (2017), dans CONSEIL SUPÉRIEUR DE L'ÉDUCATION (2020). *Le bien-être de l'enfant à l'école : faisons nos devoirs,* Québec, Gouvernement du Québec, p. 44-45.

POIRIER-BISSON, Catherine (2020). « Une heureuse retraite de la conduite automobile, c'est possible ? », *Écho des 2 Rives,* vol. 15, nº 3.

RÉSEAU DE L'ACTION BÉNÉVOLE DU QUÉBEC. *Pourquoi faire du bénévolat ?* Récupéré le 30 juillet 2019 de www.rabq.ca/pourquoi-faire-du-benevolat.php.

SALOMÉ, Jacques (1995). *Jamais seuls ensemble : comment vivre à deux en restant différents,* Québec, Les Éditions de l'Homme, 174 p.

SERVAN-SCHREIBER, Jean-Louis (1983). *L'art du temps,* Paris, Fayard, 217 p.

SERVAN-SCHREIBER, Jean-Louis (2000). *Le nouvel art du temps : contre le stress,* Paris, Albin Michel, 252 p.

SIMARD, Dany (2004). *L'impact de la retraite sur la satisfaction maritale : maîtrise en gérontologie,* mémoire de maîtrise, Faculté des lettres et des sciences humaines, Sherbrooke, Université de Sherbrooke.

TAJEDDINE, Samer (2014). *Étude des facteurs associés à la détresse psychologique lors de la transition des aînés vers la retraite*, mémoire de maîtrise, Faculté de médecine, Université de Montréal, 62 p.

TLATI, Fathi (1994). *Mieux gérer son temps*, Lyon, Chronique sociale, 161 p.

TOLLE, Eckhart (2000). *Le pouvoir du moment présent: guide d'éveil spirituel*, Outremont, Ariane éditions, 218 p.

TREMBLAY, Monique, et GIROUX, Isabelle (2019). *L'adaptation biopsychosociale: cadre d'analyse et outil d'intervention*, 3e édition, Thetford-Mines, À compte d'auteurs, 396 p.

VAILLES, Francis (2021). « Le stress pousse à la retraite », *La Presse*. Récupéré le 9 avril 2021 de www.lapresse.ca/affaires/2021-04-06/le-stress-pousse-a-la-retraite.php.

VINET, Bernard (1981). « Le problème de la retraite », *Relations industrielles / Industrial Relations*, vol. 36, nº 4, p. 843. https://doi.org/10.7202/029206ar.

ZAY, Suzanne (1985). « [Compte rendu de] Les enjeux après 50 ans, par Louis Plamondon, Gilles Plamondon et Jean Carette, Paris, Robert Laffont, 1984, 213 p. » *Service social*, vol. 34, nº 1, p. 183-185. https://doi.org/10.7202/706260ar.

ZELINSKI, Ernie (1998). *L'art de ne pas travailler*, Montréal, Stanké, 251 p.

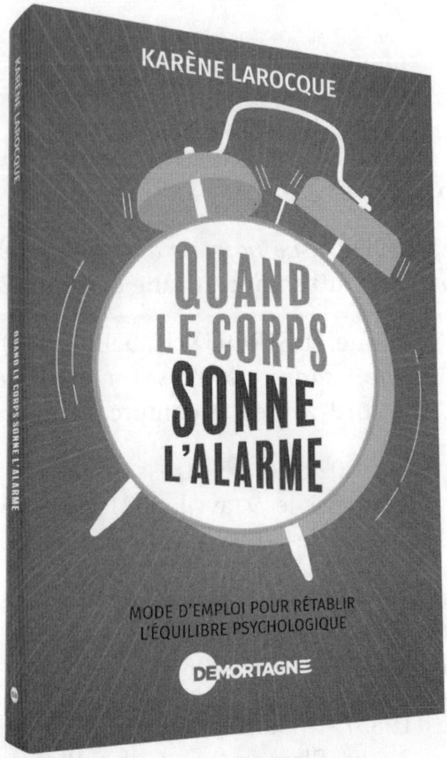


Anxiété, angoisse, migraine, insomnie, fibromyalgie, côlon irritable, épuisement, etc. Avez-vous déjà considéré la possibilité que ces manifestations physiques n'étaient pas des problèmes, mais plutôt des signaux ? Un cri strident pour attirer votre attention sur une dimension psychologique que vous auriez négligée depuis trop longtemps ?

Dans ce livre, l'autrice propose des exercices concrets, développés grâce à sa riche expérience en tant que psychologue.

Identifiez les dix causes qui peuvent être à l'origine de vos maux. Puis, une fois l'« infection » trouvée, découvrez comment la soigner. Votre corps sonne l'alarme, ÉCOUTEZ-LE !

D'où proviennent le stress et l'anxiété? Comment affectent-ils votre vie ? Qu'est-ce qui vous rend plus vulnérable? Vos réactions à ces émotions sont-elles normales? Découvrez comment mettre en place des stratégies préventives pour développer votre résistance. À l'aide de techniques éprouvées, vous parviendrez à:

- mieux organiser votre temps;
- changer votre vision des choses;
- augmenter votre capacité d'affirmation;
- rehausser votre estime de vous-même;
- bien vous entourer ;
- maintenir un bel équilibre dans votre vie.

Ariane Hébert, déjà connue pour ses nombreux ouvrages pratiques destinés aux parents et aux intervenants, propose cette fois-ci un guide ponctué de faits vécus, de cas cliniques et d'exercices de réflexion permettant à l'adulte de développer ses capacités à gérer le stress et l'anxiété. Une lecture stimulante et des trucs pertinents sur un sujet on ne peut plus d'actualité!

Achevé d'imprimer
sur les presses de
Imprimerie H.L.N.
*Imprimé au Canada - Printed in Canada*